프로그레시브 웹 앱

PROGRESSIVE WEB APPS
By A Book Apart
Copyright © 2018 Jason Grigsby
Korean Translation Edition © 2020 by Webactually Korea, Inc.
All Rights Reserved.

이 책의 한국어판 저작권은 저작권자와의 독점 계약으로 웹액츄얼리코리아㈜에 있습니다.
저작권법에 의해 한국 내에서 보호를 받는 저작물이므로 무단전재와 복사·복제를 금합니다.
이 책 내용의 전부 또는 일부를 사용하려면 반드시 저작권자와 웹액츄얼리코리아의 서면 동의를 받아야 합니다.

제이슨 그릭스비

프로그레시브
웹 앱
PROGRESSIVE WEB APPS

A BOOK APART | webactually

프로그레시브 웹 앱

초판 1쇄 발행 2020년 9월 18일

지은이   제이슨 그릭스비
옮긴이   박연오

펴낸이   오상준
편집   이유리
디자인   이승미

펴낸곳   웹액츄얼리코리아㈜
출판등록   제2014-000175호
주소   서울특별시 강남구 논현로 132길 31 EZRA빌딩 4층
전화   (02) 542-0411
팩스   (02) 541-0414
이메일   books@webactually.com

매거진 웹사이트   www.webactually.com
북스 웹사이트   books.webactually.com
페이스북   facebook.com/webactually
트위터   @webactually

ISBN 979-11-85885-30-8 93000

※ 잘못되거나 파손된 책은 구입하신 곳에서 교환해드립니다.
※ 정가는 뒤표지에 있습니다.
※ 이 도서의 국립중앙도서관 출판예정도서목록(CIP)은 서지정보유통지원시스템 홈페이지
   (http://seoji.nl.go.kr)와 국가자료공동목록시스템(http://www.nl.go.kr/kolisnet)에서
   이용하실 수 있습니다. (CIP제어번호:CIP2020037635)

앞으로 다시는 책을 쓰지 않겠다 맹세했건만
그럼에도 집필을 지지해준 아내 데이나에게.
미안해요, 사랑해요.

한국어판 출간에 앞서

《프로그레시브 웹 앱Progressive Web Apps》을 한국에서 출간하게 되어 기쁩니다. 프로그레시브 웹 앱은 앞으로 다가올 디지털 가능성의 상징입니다. 네이티브 앱과 같은 외관과 경험을 제공하며, 오프라인에서 동작하고, 누구든 접근할 수 있고, 앱 스토어 없이도 배포할 수 있습니다. 그러나 이런 자유로움과 유연함은 사용자에게 최대의 가치를 제공하는 방법(그리고 최소한 갖추어야 할 기준)에 대한 의문을 갖게 합니다. 여러분의 회사(조직)에 맞춘 기획에서부터 사용자에게 더 담대하고 새로운 방식으로 다가가는 방법에 이르기까지, 프로그레시브 웹 앱에 대한 다양한 주제에 관해 제이슨 그릭스비가 무엇을, 왜, 어떻게라는 질문에 답해드립니다. 프로그레시브 웹 앱을 이용해 사용자층을 높이고, 수익을 끌어올리고, 웹의 범위를 더욱 넓혀 나아가시기 바랍니다.

제프리 젤드먼, 제이슨 그릭스비

추천의 글

'네이티브 앱'이라는 발상은 항상 진보를 거스르는 것 같았습니다. 검색 기능이 형편없는 단절된 환경, 믿음이 안 가는 보안성, 끝없는 업데이트 요청은 1990년대 소프트웨어 환경을 떠올리게 했습니다. 그런가 하면 웹 역시 객관적으로 좋은 모바일 경험을 제공하지는 못했습니다. 반응형 디자인responsive design이 도움이 되었고, 코도바Cordova와 폰갭PhoneGap 등의 도구가 웹사이트를 모바일 환경에 맞추는 데 기여하기는 했지만 대부분의 웹사이트는 진정한 모바일 환경을 목표로 구축되지 않았습니다.

우리는 웹이 개선될 수 있다고 믿고, 이 믿음을 실현하기 위해 노력해왔습니다. 승산이 없었음에도 2015년에 이르러서는 크롬에 '설치 가능 웹 앱'이라는 기능을 포함시켰고, 곧 다른 웹 브라우저들도 이 기능을 넣기 시작했습니다. 기술이 먼저 나왔지만 이를 가리킬 용어가 없었습니다. 온라인 경험을 더 가치 있게 만들어주는 일련의 복잡한 기법들을 간단히 부를 수 있는 방법이 필요했습니다. 그래서 우리는 '프로그레시브 웹 앱Progressive Web Apps: PWA'이라는 용어를 도입했습니다.

프로그레시브 웹 앱은 항상 기술이 아니라 사용자 경험에서 영감을 받아왔습니다. 이 책의 저자 제이슨 그릭스비는 이러한 UX 전환의 의미와 웹 브라우저가 이를 권장하는 이유를 가장 먼저 알아차린 사람 중 한 명입니다. 제이슨은 내면의 따분한 기술 요소에 초점을 맞추기보다, 그 결과로 프로그레시브 웹 앱이 될 수 있는 모바일 우선주의를 채택하는 경우에 비즈니스와 사용자에게 미칠 영향을 독자들에게 안내합니다.

'어떤 콘텐츠가 언제 활성화되어야 하는가?' '사용자에게 어떻게 통제권을 제공할 것인가?' 등과 같이 자칫 간과하기 쉬운 측면들이 꼼꼼한 세부 사항과 함께 올바른 자리에 서술되어 있습니다. 신뢰성 있고 매력적이지만 온전한 '웹' 경험을 제공함으로써 홈 화면과 알림 상자의 탐나는 자리뿐 아니라 사용자의 믿음까지 얻게 되었을 때 비즈니스에 어떤 영향이 있을 것인지도 각 장마다 간결하게 소개하고 있습니다.

프로그레시브 웹 앱의 고려사항, 가치, 효과를 이보다 더 깔끔하게 요약하기란 거의 불가능할 것입니다. 만약 웹이 성공한다면 이 책처럼 길을 밝혀준 명료한 길잡이가 있었기 때문일 것입니다.

프랜시스 베리먼, 앨릭스 러셀

일러두기
- 이 책의 주석은 모두 옮긴이 주다.
- 현 시점과 맞지 않는 내용은 수정하거나 주석을 달았다.
- 본서에서 거론하거나 인용한 책이 국내 미출간 서적인 경우 원서명 그대로 표기하였다.

차례

- 7 | 한국어판 출간에 앞서
- 8 | 추천의 글
- 13 | 서문

- 17 | chapter 1
  프로그레시브 웹 앱의 정의
- 25 | chapter 2
  프로그레시브 웹 앱의 사례
- 45 | chapter 3
  앱의 느낌 살리기
- 85 | chapter 4
  앱 설치와 앱 스토어 검색
- 107 | chapter 5
  오프라인
- 127 | chapter 6
  푸시 알림
- 145 | chapter 7
  프로그레시브 웹 앱 너머의 기능
- 159 | chapter 8
  점진적 로드맵
- 179 | chapter 9
  모두를 위한 웹

- 185 | 감사의 글
- 188 | 옮긴이의 글
- 190 | 참고 자료
- 194 | 참고 URL
- 202 | 찾아보기

서문

"네이티브 앱^{Native App}이 필요하다." 애플이 아이폰 앱 스토어를 발표한 뒤로 항상 들어온 말이다.

하지만 여러분의 앱을 아직 설치하지 않은 잠재적 고객층도 있지 않을까? 현재 데스크톱 컴퓨터를 사용하는 고객은? 휴대전화의 공간이 제한되어 새 앱을 설치할 때마다 다른 앱을 지워야 하는 고객은? 이런 고객의 사용자 경험에 네이티브 앱이 적절할까?

그래서 '프로그레시브 웹 앱'이 필요하다. 프로그레시브 웹 앱은 웹이 가장 잘 제공할 수 있는 기능에 원래 네이티브 앱에서만 가능했던 기능을 결합한 것이다. 프로그레시브 웹 앱은 홈 스크린의 아이콘을 눌러 실행할 수도 있고, 푸시 알림을 눌러 실행할 수도 있다. 로딩이 거의 없으며 오프라인에서도 작동하도록 만들 수 있다(그림 1).

무엇보다 중요한 점은 프로그레시브 웹 앱이 어디서든 잘 작동한다는 점이다. 웹사이트의 업그레이드 버전일 뿐이니까 프로그레시브 웹 앱을 사용하기 위해 무언가를 설치할 필요는 없다. 웹사이트에 처음 방문하는 사람도 모든 기능을 즉시 사용할 수 있다. 여러분이 원하지 않는다면 앱 스토어도 필요 없다. 관문을 지키는 사람도, 장벽도 없다.

프로그레시브 웹 앱을 초창기부터 도입한 회사들은 적은 투자로 막대한 수익을 거뒀다. 프로그레시브 웹 앱을 도입한 하우징닷컴 housing.com은 전환율을 38% 높였다(http://bkaprt.com/pwa/00-01/). 여행 웹사이트 위고^{Wego}는 방문자를 26% 늘렸고, 전환율을 95% 높였으며, 광고 클릭률을 세 배 끌어올렸다(http://bkaprt.com/pwa/00-02/)(그림 2). 랑콤^{Lancôme}은 프로그레시브 웹 앱을 론칭한 뒤 모바일 판매율을 매년 16%씩 높였다.

그림 1 스타벅스의 프로그레시브 웹 앱(왼쪽)으로 오프라인에서도 선물 카드를 관리하고 커피를 구매할 수 있다. 《가디언》이 만든 달리기 앱 '리우 런'(오른쪽)으로는 브라질 음악을 들으면서 리우올림픽 마라톤 경로에 있는 역사적 건물도 알아볼 수 있다.

여러분이 어떤 사업을 하는지 모르기 때문에 네이티브 앱이 필요한지 아닌지를 말씀드리기는 어렵다. 하지만 여러분이 웹사이트(특히 수익과 연관된 웹사이트)를 운영한다면 프로그레시브 웹 앱이 필요하다.

남은 질문은 하나뿐이다. 여러분의 프로그레시브 웹 앱이 어떤 동작을 하고 어떤 모습을 해야 할까? 이 책이 다루는 내용이 그것이다.

이 책은 여러분이 프로그레시브 웹 앱을 만들 때 결정해야 할 사항과 이러한 결정이 프로젝트에 미칠 영향을 안내한다. 또한 흔히

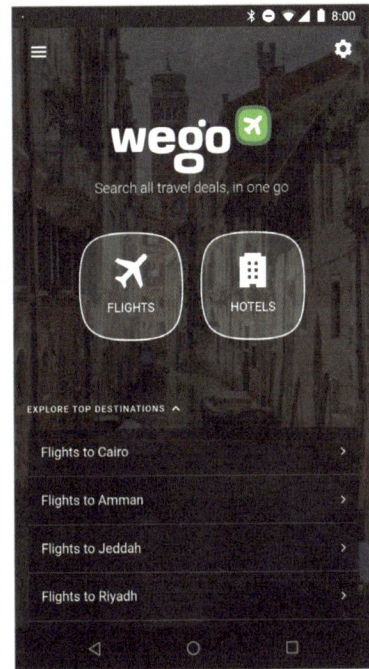 

그림 2 위고(왼쪽)와 랑콤(오른쪽)은 프로그레시브 웹 앱을 도입하여 사용자 활동·전환율·수익을 개선했다.

빠지기 쉬운 함정을 피하도록 해준다. 단순히 외양적 결정으로 보이기 쉽지만 기능에 큰 영향을 미치는 요소들도 알려줄 것이다.

프로그레시브 웹 앱의 기능 중에는 자바스크립트를 필요로 하는 것이 있지만, 이 책에는 코드가 거의 나오지 않는다. 개발자를 위한 프로그레시브 웹 앱 관련 자료는 많지만 (뒤에서 소개하겠다) 이 책은 그런 책이 아니다.

이 책의 목적은 프로그레시브 웹 앱을 설계하고 제작하려는 팀이 스스로 할 일이 무엇인지 이해하도록 돕는 것이다. 이 책을 통해 디자이너, 프로덕트 매니저, 사업주가 프로그레시브 웹 앱에 대한 이해를 일치시키고, 회사에 맞는 기능이 무엇인지 함께 파악할 수 있다. 또한 이 책은 여러분의 팀이 로드맵을 정의하고, 프로그레시브 웹 앱의 기능을 단계별로 완성함에 따라 고객이 빠르게 이익을 얻을 수 있도록 이끈다. 커다란 앱을 한꺼번에 만들어 한참 뒤에 출시하지 않도록.

프로그레시브 웹 앱은 그것을 구성하는 개별 기술들 그 이상의 무언가를 의미한다. 프로그레시브 웹 앱은 빠르고 몰입감 높은 경험을 누구나 누릴 수 있는 새 시대를 열고 있다. 선구적인 회사들은 프로그레시브 웹 앱을 모바일 환경에 가장 먼저 도입했다. 모바일은 저장공간이 한정되어 있으며, 네트워크 연결이 느리고, 요금이 종량제로 계산되는 환경이므로 당연한 일이다.

바야흐로 웹의 르네상스 시대가 열리려 한다. 여러분이 이 여정에 함께하게 되어 기쁘다. 시작해보자.

프로그레시브 웹 앱의 정의

> 그냥 좋은 비타민을 한껏 섭취한 웹사이트다.
>
> – 앨릭스 러셀(http://bkaprt.com/pwa/01-01/)

먼저 확실히 해둘 것이 있다. '프로그레시브 웹 앱'이라는 용어가 제법 유행을 타고 있다. 용어를 쓰는 사람마다, 심취한 기능이 무엇인지에 따라 그 의미가 종종 바뀌곤 한다.

그럴 만하다. 프로그레시브 웹 앱에 관한 구글의 개발자 페이지가 2015년에 개설되었을 때는 이 기술의 특성을 열 가지로 소개했는데, 1년 만에 여섯 가지로 줄었다(http://bkaprt.com/pwa/01-02/). 나중에는 페이지에 안정성Reliable, 반응성Fast, 체감성Engaging 세 가지 특성을 추가했는데 모두 처음 열 가지 특성에는 없던 것들이다. 이것으로 만족하지 못한 구글은 2017 크롬 데브 서밋에서 융합성

Integrated을 추가하여 'F.I.R.E.'라는 약어를 만들어냈다(http://bkaprt.com/pwa/01-03/).

프로그레시브 웹 앱을 지지하는 주요 세력 중 하나인 구글조차 용어의 정의를 수차례 변경한 것을 보면 도대체 프로그레시브 웹 앱이 무엇인지 사람들이 혼란스러워하는 것도 당연한 일이다. 'F.I.R.E.'가 멋진 약어이긴 하지만 '반응성, 융합성, 안정성, 체감성'으로 명확한 설명이 되는지는 잘 모르겠다.

정의를 수정하고 개선하는 것은 새로운 기술이 나왔을 때 흔히 볼 수 있는 일이다. 'HTML5'라는 용어가 인기를 끌던 시절 사람들은 엄밀히 따지면 CSS3의 기능을 HTML5의 기능인 것처럼 열정적으로 소개하기도 했다. 이와 비슷하게 프로그레시브 웹 앱의 기능에 '공식적'인 정의에 해당하지 않는 기능을 덧붙이는 경우가 종종 있다.

용어를 명확히 하지 않은 것은 의도적인 면도 있다. 앨릭스 러셀Alex Russell과 함께 프로그레시브 웹 앱이라는 용어를 처음 제안한 프랜시스 베리먼Frances Berriman은 이 용어에 관해 이렇게 말했다. "마케팅일 뿐이다. HTML5라는 용어가 실제로 HTML과 거의 관련이 없었던 것과 마찬가지다. 프로그레시브 웹 앱은 몇 가지 기술 묶음에 상표를 붙여서 오픈 웹이 조금 더 이어질 수 있도록 하는 것일 뿐이다"(http://bkaprt.com/pwa/01-04/).

즉 프로그레시브 웹 앱에는 어느 정도 과장 광고가 있는 셈이다. 하지만 여러분은 이 점을 이용할 수 있다. 사람들이 프로그레시브 웹 앱에 열광한다는 것은 오늘날의 웹이 할 수 있는 일이 많다는 것을 납득시킬 기회이기도 하다. 프로그레시브 웹 앱을 준비하는 회사는 속도·사용자 활동과 같이 오래된 문제를 해결하기 위해 웹에 다시 투자하는 경우가 많다. 베리먼과 러셀이 새롭게 자라나는 이 기술에 이름을 붙인 것은 이단 마콧Ethan Marcotte이 반응형 웹디자인에 이름을 붙인 것과 같은 이유다. 모두에게 열광할 수 있는 무언가를 준 것이다.

정의를 명확하게 하지 않은 것이 프로그레시브 웹 앱에 관심을 끌어모으는 데는 도움이 될 수 있다. 하지만 여러분의 팀이 프로그레시브 웹 앱 기획을 시작하려고 한다면 개발하려는 것이 무엇인지 더 명확하게 정의해야 한다.

원래의 정의

수년간 웹 기술을 이용해 앱과 유사한 경험을 제공하는 서비스를 개발할 수 있도록 많은 회사가 노력해왔다. 어도비 AIR, 폰갭, 윈도우 앱, 일렉트론 등 다양한 제품이 웹의 힘을 이용해 브라우저 밖에서 동작하는 앱을 제작하는 방법을 추구해왔다. 이 기술로 많은 앱을 개발할 수 있었지만 모두 같은 문제가 있었다. 웹을 이용하기는 하지만 웹에 속하지 않는다는 문제가 그것이다.

이 기술로는 앱과 유사한 경험을 제공하기 위해 웹의 가장 중요한 두 가지 장점을 포기해야 했다. 모든 것을 연결(링크)할 수 있다는 장점과 어떤 기기에서도 웹 브라우저만 있으면 실행할 수 있다는 장점이다. 앱처럼 동작하는 무언가를 만들기 위해 타협한 결과로, 웹에서 분리된 무언가가 만들어진 것이다.

2015년에 기존 웹 앱보다 개선된 사용자 경험을 제공할 가능성이 있는 새로운 유형의 웹사이트들이 베리먼과 러셀의 눈에 들어왔다. 이 웹사이트들은 웹 브라우저에서 자연히 진화한 기능을 이용해 변혁적인 무언가를 만들어냈다. 브라우저 탭에서 빠져나와 스스로 앱으로서 기능하면서도 어디서든 실행될 수 있고 무엇이든 링크할 수 있다는 웹의 장점을 버리지 않은 앱이었다.

베리먼과 러셀은 이 웹사이트들을 '프로그레시브 웹 앱'이라 이름 붙이고, 그 특징을 아홉 가지로 문서화했다(http://bkaprt.com/pwa/01-01/).

- 반응형 반응형 웹디자인 기법을 이용하여 사용자의 기기와 화면 크기에 알맞은 경험을 제공한다.
- 오프라인에서도 작동 오프라인 환경이나 열악한 네트워크 환경에서도 웹사이트의 각 부분이 올바르게 작동한다.
- 앱과 유사함 앱과 같은 느낌을 제공할 수 있도록 앱의 UI, 애니메이션이 적용된 화면 전환 등 여러 가지 기법을 사용한다.
- 최신 버전 유지 사용자에게 노출되지 않는 영역에서 업데이트가 이루어져 늘 최신 버전을 유지한다.
- 보안 앱과 주고받는 모든 데이터 트래픽을 암호화하여 사생활을 보호한다.
- 검색 가능 '매니페스트manifest'라는 텍스트 파일로 웹사이트가 앱임을 나타낸 덕분에 검색엔진과 웹 브라우저가 새로운 앱을 찾아낼 수 있다.
- 재사용 유도 푸시 알림과 경고를 보내 사용자가 앱을 다시 사용하도록 할 수 있다.
- 설치 가능 앱 실행 아이콘을 홈 스크린에 추가할 수 있다.
- 링크 가능 다운로드나 설치 없이 링크만으로 쉽게 공유할 수 있다.

프로그레시브 웹 앱의 마지막 핵심적 특징은 '점진적 향상progressive enhancement' 전략으로 제작된다는 점이다. 점진적 향상이란 어디서든 작동하는 최소한의 서비스를 개발하고, 성능이 더 좋은 기기에 더 향상된 기능을 점진적으로 덧붙이는 웹 개발 전략이다.

즉 여러분이 모든 사용자에게 동일한 프로그레시브 웹 앱을 서비스하더라도 각 사용자가 경험하는 바는 서로 다를 수 있다는 것이다. 프로그레시브 웹 앱은 기기의 성능과 사용자가 앱에 부여한 권한(홈 스크린에 들어갈 수 있는지 등)에 맞춰 실행될 수 있다.

그럼에도 프로그레시브 웹 앱이라는 개념은 처음부터 느슨하게 정의되었다. 베리먼과 러셀도 플립보드Flipboard를 프로그레시브 웹 앱의 한 사례로 들었는데, 플립보드는 반응형 디자인을 적용한 제품이 아니므로 베리먼과 러셀의 정의에서 벗어났다.

- 사실 웹 앱 중에서 위의 열 가지 특징을(융합성 포함) 모두 만족하는 것은 거의 없다. 이 특징들을 필수 조건이 아니라 참고할 아이디어쯤으로 보는 편이 좋다. 시간이 지남에 따라 프로그레시브 웹 앱이 갖춰야 할 최소 요건이 더 많아질 것이 분명하지만, 지금은 모든 요건을 다 갖추지 않더라도 성공적인 프로그레시브 웹 앱이 될 수 있다.

기술적 정의

베리먼과 러셀의 정의는 아이디어만 제공하는 수준이고, 구글의 'F.I.R.E.'라는 정의는 지나치게 포괄적이라고 한다면 어떤 서비스가 웹 앱인지를 어떻게 구별해야 할까?

제레미 키스Jeremy Keith는 2017년 블로그 글에서 좀더 기술적인 관점을 제안했다(http://bkaprt.com/pwa/01-05/). 이 관점에서 보면 다음 세 가지 기술적 특징을 모두 갖추어야 프로그레시브 웹 앱이다.

1. HTTPS 프로그레시브 웹 앱은 HTTPS를 이용해 안전하게 서비스되어야 한다. 프로그레시브 웹 앱의 기능은 대부분 서비

스 워커를 통해 제공되는데 서비스 워커는 HTTPS에서만 사용할 수 있다. 현재 여러분의 웹사이트가 HTTPS를 사용하지 않는다면 다른 무엇보다도 HTTPS부터 적용해야 한다.
2. 서비스 워커service worker 웹 브라우저의 네트워크 요청과 자원 관리를 개발자가 중간에서 직접 제어하도록 해주는 강력한 신기술이다. 서비스 워커를 이용하면 안정적이고, 빠르고, 오프라인 기능에서도 작동하는 웹 페이지를 제작할 수 있다.
3. 웹 앱 매니페스트Web APP Manifest 프로그레시브 웹 앱이 검색될 수 있도록 해주는 간단한 파일이다. 앱의 이름, 시작 URL, 아이콘 등 웹사이트를 앱으로 인식할 수 있게 해주는 여러 가지 정보를 입력한다.

이 세 가지 말고도 여러 가지 기능이 들어갈 수 있지만, 이 세 가지가 없다면 프로그레시브 웹 앱이라고 할 수 없다.

이렇게 기계적인 정의는 프로그레시브 웹 앱을 구별하는 데는 쓸 만하지만 그다지 영감을 주지는 못한다(이걸로 회사에 결재를 요청한다면 사장님의 허락을 받기 어려울 것이다). 최소한의 요건이 무엇인지 확인하는 용도로 이용하기 바란다.

프로그레시브 웹 앱은 앞으로 이것보다 훨씬 폭넓게 발전해나갈 가능성이 크다. 기존의 네이티브 앱으로만 가능했던 사용자 경험을 웹에서도 가능하게 해주는 것이라고 생각하면 된다. 이제 오프라인 실행과 푸시 알림 같은 고급 기능을 여러분의 웹사이트를 방문하는 모든 사용자에게 제공할 수 있게 되었다.

과장 광고 끌어안기

프로그레시브 웹 앱의 본질이 애매모호하다는 점을 잘 이용하면 괜찮은 방법이 될 수 있다. 중요도를 따져본다면 엄밀하게 정의를 내리는 것은 핵심이 아니다. 여러분의 고객과 사업에 가장 도움이 되는 기능이 무엇인지를 이해하는 것이 훨씬 중요하다. 여러분의 프로그레시브 웹 앱은 여러분의 웹사이트와 여러분 조직의 고유한 것이다. 제레미 키스는 여러분이 대화를 나누는 사람이 누구인지에 따라 그에 맞게 프로그레시브 웹 앱을 설명하는 것이 좋다고 말한다.

> 사업 담당자에게 설명할 때는 프로그레시브 웹 앱에 투자했을 때 얻을 수 있는 수익에 대해 말하라.
> 마케팅 담당자에게 설명할 때는 프로그레시브 웹 앱의 고객 경험 증진에 대해 말하라.
> 개발자에게 설명할 때는 프로그레시브 웹 앱이 서비스 워커, 매니페스트 파일을 이용한 HTTPS로 전송되는 웹사이트라고 말하라 (http://bkaprt.com/pwa/01-05/).

사실 프로그레시브 웹 앱에 관한 개념을 처음 접했을 때는 나도 그다지 흥미를 느끼지 못했다. 기술적 관점에서 봤을 때는 전혀 새로울 것이 없었기 때문이다. 모든 웹사이트가 HTTPS를 적용해야 한다는 것은 진작 알고 있었다. 서비스 워커(그리고 퇴물이 된 앱 캐시)에 대해서도 익숙했다. 매니페스트 파일 또는 패키지 파일은 모바일 환경에 웹 브라우저가 등장한 이래 늘 있었던 것 같았다.

하지만 내가 따분하게 여기던 것들에서 새로운 가능성을 발견한 사람들이 있었다. 한 디지털 마케팅 콘퍼런스에서 프로그레시브 웹 앱만이 가진 잠재력에 관심을 보이는 사람이 얼마나 많은지 직접 체험하고서 나도 관점이 바뀌었다. 앨릭스 러셀의 글을 인용한다.

웹의 강력한 기술은 반듯하게 포장되지도 못한 채 종종 마케팅 부서 같은 곳에 처박혀 있는 경우가 있다. 이런 기술은 주변부에서 머무르며 성장하다가 몇몇 사람만 아는 구식 기술이 되어버린다. 누군가 이 기술의 이름을 불러주기 전까지는 말이다(http://bkaprt.com/pwa/01-06/).

베리먼과 러셀은 프로그레시브 웹 앱에 이름을 붙임으로써 웹사이트가 할 수 있고, 해야 하는 일이 무엇인지를 다시 검토할 수 있는 기회를 마련했다. 여러분의 회사에서도 이런 검토가 이루어지기를 바란다면 다음 장을 읽어보기 바란다.

프로그레시브 웹 앱의 사례

프로그레시브 웹 앱이 무엇인지 알았으니 이것으로 여러분의 회사가 어떤 이익을 얻을 수 있는지 궁금할 것이다. 여러분의 회사에 프로그레시브 웹 앱이 알맞은지 알아보려면 다음 두 가지 질문을 검토하면 된다.

a) 여러분의 회사에 웹사이트가 있는가? 그렇다면 프로그레시브 웹 앱으로 이익을 얻을 가능성이 있다. 건방진 말처럼 들릴 수 있지만 사실이다. 거의 대부분의 웹사이트는 프로그레시브 웹 앱이 되어야 한다. 프로그레시브 웹 앱은 웹에서 할 수 있는 최선의 방법을 모아놓은 것이기 때문이다

b) 여러분의 회사가 웹사이트에서 전자상거래, 광고, 기타 방법으로 매출을 얻고 있는가? 그렇다면 프로그레시브 웹 앱이 꼭 필요하

기존 모바일 웹 대비 새로운 모바일 웹

5분 이상 체류	광고 수익	광고 클릭률	사용자 활동
+40%	+44%	+50%	+60%

웹/네이티브 전체 대비

5분 이상 체류	광고 수익	광고 클릭률	사용자 활동
+5%	+2%	+0%	+2-3%

그림 2.1 구글 기술 관리자 애디 오스마니Addy Osmani가 핀터레스트의 프로그레시브 웹 앱을 이전 모바일 웹사이트 및 네이티브 웹 앱과 비교한 자료(http://bkaprt.com/pwa/02-03/).

다. 프로그레시브 웹 앱은 수익에 중대한 영향을 줄 가능성이 높다.

그렇다고 여러분의 웹사이트에 프로그레시브 웹 앱의 모든 특징을 다 적용해야 한다는 뜻은 아니다. 오프라인 기능이나 어쩌면 홈 스크린에 아이콘을 설치하는 것도 필요하지 않을 수 있다. 최소한의 요건만 적용하는 것도 나쁘지 않은 선택이다. 안전한 보안 통신, 속도를 높여주는 서비스 워커, 매니페스트 파일은 어떤 사이트에나 도움이 되기 때문이다.

물론 여러분의 개인 웹사이트나 사이드 프로젝트까지 프로그레시브 웹 앱으로 만드는 것은 불필요하다고 생각할 수 있다. 이해할 만한 생각이다. 그런데 장기적으로 보면 개인 웹사이트들도 그 아래의 콘텐츠 관리 시스템이 프로그레시브 웹 앱의 기능을 지원하게 되면 혜택을 보게 될 것이다. 그 예로 마젠토Magento와 워드프레스가 이미 프로그레시브 웹 앱 도입 계획을 발표했다(http://bkaprt.

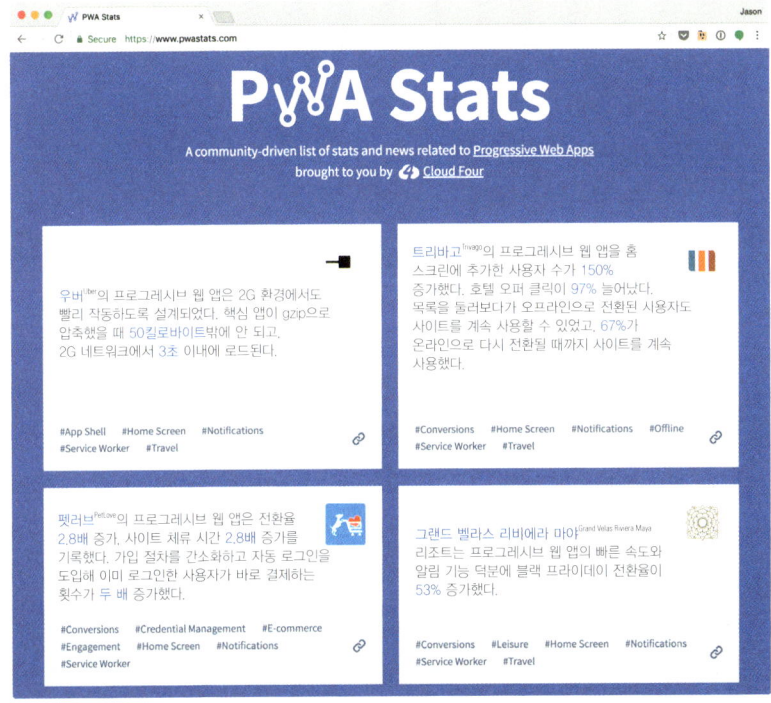

그림 2.2 PWAstat.com에서 프로그레시브 웹 앱을 도입하고 얻은 결과의 통계와 수기들을 볼 수 있다.

com/pwa/02-01/, http://bkaprt.com/pwa/02-02/). 다른 플랫폼들도 그 뒤를 따를 것으로 전망된다.

하지만 여러분이 어떤 유형으로든 회사에 수익을 창출하는 웹사이트를 운영하고 있다면, 웹사이트를 프로그레시브 웹 앱으로 전환할 계획을 세우기 시작하는 편이 좋을 것이다. 프로그레시브 웹 앱을 출시한 회사들은 전환율·사용자 활동·매출·광고 수익이 증진되는 것을 경험했다. 핀터레스트Pinterest가 좋은 예이다. 사용자 활동이 60% 증가했고, 광고 수익이 44% 늘어났다(http://bkaprt.com/pwa/02-03/)(그림 2.1). 웨스트 엘름West Elm은 사이트 평균 체류 시간이

15% 증가했고, 방문 대비 수익이 9% 늘어났다(http://bkaprt.com/pwa/02-04/).

프로그레시브 웹 앱의 성공 스토리는 너무 많다. 내가 설립한 회사 클라우드포Cloud Four는 PWA 통계(http://bkaprt.com/pwa/02-05/)라는 웹사이트를 개설해 그 사례를 추적하고 있다(그림 2.2). 이 사이트에서 여러분의 회사와 유사한 사례를 찾아볼 수 있을 것이다. 또 이 사이트는 프로그레시브 웹 앱을 만들자고 동료들을 설득하는 데도 도움이 될 것이다.

동료들을 설득하는 것은 중요한 일이다. 프로그레시브 웹 앱의 장점이 분명함에도 불구하고 많은 회사가 아직도 준비되지 않았다. 대개 프로그레시브 웹 앱이 무엇인지 아직 몰라서인 경우가 많다(따라서 지금 시작한다면 경쟁에서 우위를 차지할 가능성이 크다).

동시에 프로그레시브 웹 앱이 무엇을 할 수 있는지, 어디에 사용되는지, 네이티브 앱과는 어떤 관련이 있는지에 관해 혼란스러워하는 경우도 많다. 이로 인해 두려움, 불확실성, 의심이 생겨나는데 이 또한 프로그레시브 웹 앱의 도입을 늦추는 요인들이다.

여러분이 회사에서 프로그레시브 웹 앱을 도입하자고 제안한다면 혼란스러워하는 사람이 있을 수 있다. 심지어 반대하는 사람도 있을 것이다. 두려움, 불확실성, 의심을 걷어내고 동료들을 설득할 수 있는 논리로 무장할 필요가 있다.

PWA는 네이티브 앱과 함께할 수 있다

회사가 이미 네이티브 앱을 보유한 경우 주주들이 프로그레시브 웹 앱을 '함께' 운영하자는 기획안에 거부감을 보일 가능성이 있다. 특히 프로그레시브 웹 앱을 도입하려는 주된 이유가 네이티브 앱의 기능을 웹에서 지원하려는 것일 때 더욱 그렇다.

프로그레시브 웹 앱을 네이티브 앱의 대체재로 바라보기 쉽다. 언론에서도 이런 관점으로 다룬 경우가 많다. 하지만 실제로 이미 네이티브 앱이 있더라도 프로그레시브 웹 앱을 도입하는 것이 잘 못된 것은 아니다.

'네이티브 vs 웹' 논쟁은 잠시 치워두고 웹을 통해 여러분의 회사에 접속한 고객이 어떤 경험을 할 것인가에 초점을 맞춰보자. 프로그레시브 웹 앱은 그 자체로 가치가 있다. 많은 고객을 끌어당기고, 웹사이트의 보안을 개선하고, 수익을 더 많이 창출하고, 보다 안정적인 경험을 제공하고, 사용자에게 업데이트를 알려주는 것. 이 모든 것이 네이티브 앱의 보완재로서 기능할 수 있다.

고객을 더 많이 획득한다

여러분의 모든 고객이 여러분의 네이티브 앱을 설치하지는 않았을 것이다. 그리고 여러분의 잠재적 고객은 누구도 네이티브 앱을 설치하지 않았을 것이다. 아마도 네이티브 앱을 설치한 고객은 절반도 채 안 될 것이다. 또 앱을 설치한 고객도 여전히 데스크톱 컴퓨터로 웹사이트에 방문하는 경우가 있을 것이다.

웹사이트에서 좋은 경험을 제공한다면 현재와 미래의 고객들이 콘텐츠를 소비하고 제품을 구매할 가능성이 높아진다(심지어 고객이 네이티브 앱을 다운로드할 가능성도 높아진다). 프로그레시브 웹 앱으로 사용자 경험을 개선할 수 있다.

언론을 통해 퍼진 잘못된 인식과 달리 모바일 웹은 네이티브 앱보다 빠르게 성장하고 있다. 컴스코어Comscore는 최상위 앱 1000개와 최상위 모바일 웹 1000개를 비교해 "모바일 웹 사용자가 앱 사용자보다 규모 면에서는 거의 세 배 가까이 성장하고, 속도 면에서

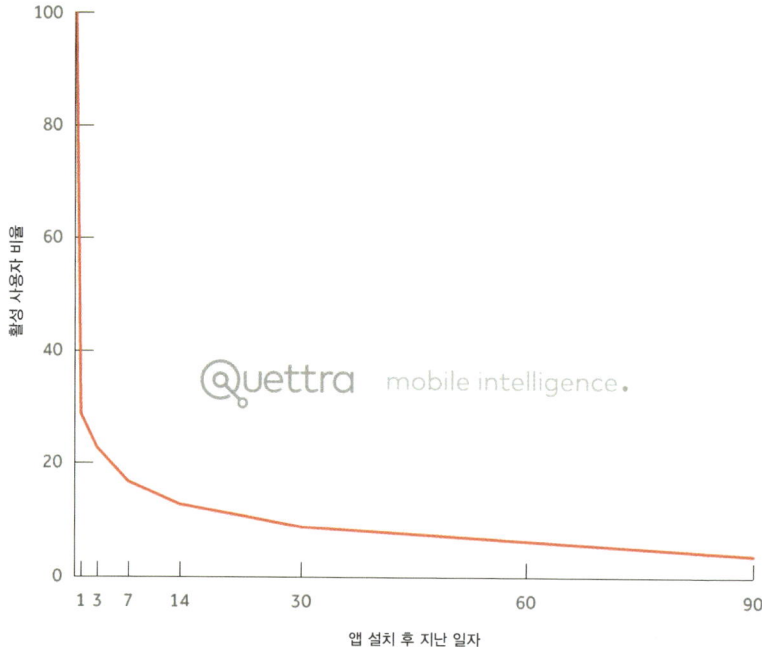

그림 2.3 네이티브 앱은 고객 충성도가 큰 문제가 된다. 앱은 평균적으로 90일 이내에 95%의 DAU를 잃어버린다.

도 두 배로 성장한다"는 사실을 발견했다(http://bkaprt.com/pwa/02-06/).

사람들이 가장 좋아하는 앱에서 소비하는 시간이 웹에서 소비하는 시간보다 긴 것은 사실이지만, 애초에 사용자가 여러분의 앱을 설치하도록 유도하는 것부터가 어려운 일이다. 한 달 동안 앱을 단 하나도 다운로드하지 않는 사용자가 전체 미국 사용자의 절반 이상이다(http://bkaprt.com/pwa/02-07/).

앱 스토어에 네이티브 앱을 올렸다고 사람들이 설치할 것이란 보장은 없다. 앱을 광고하고 사용자들이 써보도록 하는 데는 많은 비용이 든다. 앱 마케팅 회사 리프트오프Liftoff에 따르면 사용자 한 명이 앱을 설치하도록 하는 데 드는 비용이 평균 4.12달러이고, 앱에서 계정을 생성하도록 하려면 비용은 8.21달러까지 치솟는다고 한다(http://bkaprt.com/pwa/02-08/).

사용자가 앱을 설치했다 하더라도 앱을 사용하도록 하는 것은 또 다른 문제이다. 분석가 앤드루 천Andrew Chen은 1억2500만 개의 휴대전화를 대상으로 사용자 잔존율을 분석해 다음 사실을 발견했다. "평균적인 앱은 설치 후 3일 이내에 일일 활성 사용자Daily Active Users: DAU가 77% 감소한다. 30일 이내에는 DAU 감소가 90%에 달한다. 그리고 90일 이내에는 95% 이상이 감소한다"(http://bkaprt.com/pwa/02-09/)(그림 2.3).

프로그레시브 웹 앱은 위와 같은 어려움을 겪지 않아도 된다. 고객이 웹사이트를 검색할 때와 똑같은 난이도로 앱에 접근할 수 있다. 앱이 실제로 웹사이트니까. 그리고 프로그레시브 웹 앱의 기능은 즉시 사용 가능하다. 앱 스토어에 가서 앱을 다운로드하는 과정을 거칠 필요가 없다. 설치도 빠르다. 사이트에 처음 방문했을 때 백그라운드에서 설치되며, 홈 화면에 아이콘만 추가하면 끝이다.

2017년에 앨릭스 러셀이 미디엄Medium에 다음과 같은 글을 썼다.

> 프로그레시브 웹 앱은 설치 저항이 훨씬 적다. 구글에서의 우리 내부 지표를 살펴보면 비슷한 규모의 프로그레시브 웹 앱 배너 노출과 네이티브 앱 배너 노출 빈도(우리가 이용할 수 있는 가장 비슷한 비교 대상이었음)를 비교했을 때 프로그레시브 웹 앱 배너의 전환율이 다섯 배에서 여섯 배까지 높았다. 배너에서 네이티브 앱을 설치하려고 시도한 사용자의 절반 이상이 설치 완료에 이르지 못한 반면, 프로그레시브 웹 앱은 거의 즉시 설치가 완료되었다(http://

bkaprt.com/pwa/02-10/).

요약해보자. 웹사이트를 이용하는 고객은 많다. 그리고 계속 증가하고 있다. 프로그레시브 웹 앱으로 더 많은 고객과 접촉해 수익과 사용자 활동을 높일 수 있다.

웹사이트의 보안을 강화한다

신용카드 정보나 개인 정보를 수집하고 있다면 방문자들에게 안전한 웹사이트를 제공하는 것이 필수다. 설령 민감한 정보를 취급하지 않는다 하더라도 HTTPS를 사용해 안전한 경험을 제공하는 것은 잘못된 일이 아니다. 전혀 문제되지 않을 것처럼 보이는 웹 트래픽조차도 사용자들을 식별하는 힌트가 될 수 있고 고객의 안전을 저해할 수 있다. 정보기관의 사찰 행위가 폭로되어 사람들의 불안이 커진 것 역시 두 말할 필요가 없다.

통신에 보안을 적용하는 일이 비싸고, 어렵고, 속도도 느리게 느껴지던 시절이 있었다. 하지만 지금은 그렇지 않다. 과거에는 SSL/TLS 인증서를 발급받으려면 수백 달러를 내야 했는데, 지금은 렛츠인크립트^{Let's Encrypt}가 인증서를 무료로 발급해준다(http://bkaprt.com/pwa/02-11/). 인증서 발급기관과 연동되어 클릭 한 번이면 자동으로 HTTPS를 설정해주는 호스팅 서비스도 많다. 게다가 HTTPS가 우리가 생각하는 것만큼 느리지 않다는 사실도 확인되었다 (http://bkaprt.com/pwa/02-12/).

HTTPS를 적용한 웹사이트에 HTTP/2라고 불리는 HTTP의 새 버전을 적용하는 것도 가능하다. HTTP/2의 가장 큰 장점은 HTTP/1보다 훨씬 빠르다는 것이다. 여러분이 이용하는 호스팅 서비스와 콘텐츠 전송 네트워크^{Content Delivery Networks: CDNs}에 따라

> 크롬에서 모든 HTTP 페이지가
> 이렇게 표시될 예정
>
> ⚠ 안전하지 않음   example.com

그림 2.4 구글은 HTTPS를 적용하지 않은 모든 웹사이트에 안전하지 않다는 표시를 붙이겠다고 발표했다. 시간이 흐르면서 표시하는 모양이 조금씩 달라질 계획인데, 마지막에는 이 그림과 같이 될 것이다 (http://bkaprt.com/pwa/02-14/).

HTTPS를 적용하는 즉시 별도의 작업 없이도 HTTP/2가 저절로 적용되는 경우가 많다.

여전히 HTTPS의 필요성이 충분히 느껴지지 않는가? 그런 사람들을 위해 웹 브라우저 제조사들은 웹사이트가 HTTPS로 옮아갈 수 있도록 당근과 채찍 전략을 사용하고 있다. 먼저 채찍부터 소개한다. 크롬은 사용자가 HTTPS를 적용하지 않은 웹사이트에 접속할 때 경고를 표시하기 시작했다. 여러분이 이 책을 읽을 즈음 구글은 모든 HTTP 웹 페이지에 "안전하지 않음" 경고 표시를 붙였을 것이다(http://bkaprt.com/pwa/02-13/)(그림 2.4). 다른 브라우저들도 이처럼 암호화되지 않은 웹사이트에서 사용자들에게 데이터가 감청당할 수 있다는 사실을 안내할 가능성이 높다.

다음은 당근이다. 웹 브라우저의 새 기능 중 HTTPS가 필요한 것들이 추가되고 있다. 최첨단 웹 기술을 활용하려면 HTTPS를 적용해야 한다(http://bkaprt.com/pwa/02-15/). 사실 이전에는 민감한 정보(위치정보 등)를 안전하지 않은 HTTP에서도 이용할 수 있었다. 하지만 이제 HTTPS에서만 작동하도록 제한하는 추세다. 생각해보니 당근과 채찍이 조금 섞인 것 같다.

모든 사항을 종합해보면 방문자들이 웹사이트를 안전하게 이용할 수 있도록 HTTPS로 구성하는 것이 합리적이다. 무시무시한 보안 경고도 방지할 수 있고, 브라우저의 최신 기능도 이용할 수 있고, HTTP/2의 빠른 속도도 경험할 수 있다. 여기에 더해 프로그레시브 웹 앱을 시작하는 것이기도 하다.

프로그레시브 웹 앱의 핵심 기술인 서비스 워커를 이용하려면 HTTPS 이용이 필수다. 프로그레시브 웹 앱의 온갖 혜택을 누리고 싶다면 먼저 그 기반을 안전하게 다지는 일부터 해야 한다.

수익을 더 많이 창출한다

웹사이트 속도와 사용자 체류 시간, 소비 금액의 상관관계를 보여주는 연구 결과가 많다. 더블클릭DoubleClick은 "모바일 웹사이트에서 로딩이 3초 이상 걸리는 경우 방문자의 53%가 그냥 떠난다"는 사실을 밝혀냈다. 월마트 조사에 따르면 페이지 로드 시간을 0.1초 개선할 때마다 증분이익이 최대 1%까지 증가했다고 한다(http://bkaprt.com/pwa/02-17/).

웹사이트의 성능은 재무제표의 순이익에 큰 영향을 미친다. 하지만 안타깝게도 3G 환경에서 모바일 웹사이트의 평균 로드 시간은 19초나 된다. 이때 프로그레시브 웹 앱이 도움이 될 수 있다.

프로그레시브 웹 앱은 서비스 워커를 이용해 독보적으로 빠른 경험을 제공한다. 서비스 워커를 이용해 브라우저의 로컬 캐시에 저장할 파일과 파일 업데이트 시점을 개발자가 명시적으로 정의할 수 있다. 로컬 캐시에 저장해둔 파일은 네트워크에서 가져오는 것보다 훨씬 빠르게 접근할 수 있다.

사용자가 프로그레시브 웹 앱에서 새 페이지를 요청하면 그 페이지를 그리는 데 필요한 대부분의 파일은 이미 사용자의 장치에 저장되어 있다. 브라우저가 다운로드해야 하는 데이터는 페이지에서 추가로 필요한 정보뿐이므로 페이지가 거의 즉시 로드된다.

이는 여러 측면에서 네이티브 앱이 그토록 빠르게 작동하는 것과 동일한 원리다. 사용자가 네이티브 앱을 설치하면 앱을 실행하는 데 필요한 파일을 미리 다운로드하게 된다. 그 후에 네이티브 앱은 새로운 데이터만 다운로드하면 된다. 서비스 워커는 웹이 이와 비슷하게 작동하도록 해준다.

프로그레시브 웹 앱을 적용하면 성능이 믿기 어려울 만큼 향상될 수 있다. 예를 들어 틴더Tinder는 프로그레시브 웹 앱을 이용해 로드 시간을 11.91초에서 4.69초로 줄였는데, 앱 용량도 안드로이드 네이티브 앱에 비해 90% 작다(http://bkaprt.com/pwa/02-18/). 호텔 체인 트리보Treebo는 프로그레시브 웹 앱을 출시하고 전환율이 매년 네 배씩 늘었고, 반복 사용자의 전환율이 세 배 증가했으며 모바일 반응 시간Time To Interactive: TTI의 중앙값이 1.5초로 떨어졌다(http://bkaprt.com/pwa/02-19/).

네트워크 안정성을 높인다

모바일 네트워크는 불안정하다. 쾌적한 LTE 망에 연결되었다가도 곧 답답한 2G 망에 연결될 수 있다. 아예 오프라인으로 전환되기도 한다. 우리 모두가 이런 경험이 있다. 그런데 수많은 웹사이트는 아직도 네트워크가 안정적이라는 가정하에 제작된다.

프로그레시브 웹 앱을 활용해 오프라인으로 전환되더라도 계속 작동하는 앱을 만들 수 있다. 오프라인 경험을 제공하기 위해 필요한 기술은 사실 웹 페이지 속도를 높이는 데 사용하는 기술과 같은

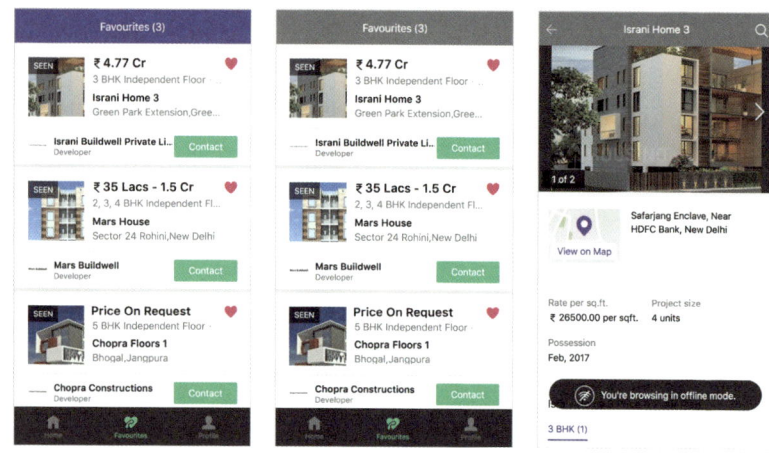

그림 2.5 하우징닷컴의 프로그레시브 웹 앱이다. 오프라인이 되면 헤더의 색깔이 보라색(왼쪽)에서 회색(가운데)으로 바뀐다. 사용자가 이전에 조회했던 콘텐츠와 찜해둔 콘텐츠는 오프라인에서도 계속 볼 수 있다(오른쪽). 이 점은 하우징닷컴이 네트워크 속도가 느리고 불안정한 인도 시장에서 살아남는 데 중요한 역할을 했다.

것이다. 바로 서비스 워커다.

서비스 워커를 이용하면 브라우저의 로컬 캐시에 무엇을 저장할지 정의할 수 있다고 했다. 앱을 표시하는 데 필요한 자료뿐 아니라 각 페이지의 콘텐츠도 저장된다. 그러면 사용자가 오프라인에서도 페이지를 계속 조회할 수 있다(그림 2.5).

서비스 워커를 이용해 백그라운드에서 앱의 셸shell[1]을 프리캐시해 둘 수도 있다. 이렇게 하면 사용자가 프로그레시브 웹 앱에 처음 접속했을 때 전체 앱이 자동으로 다운로드되어 캐시에 저장되고, 나중에 오프라인에서도 사용할 수 있게 된다. 이 과정에서 사용자가 특별히 할 일은 아무것도 없다. 5장에서 프리캐시를 언제 사용하면 좋은지 더 자세히 확인해볼 수 있다.

---

1 네이티브 앱 형식의 UI 구성 요소

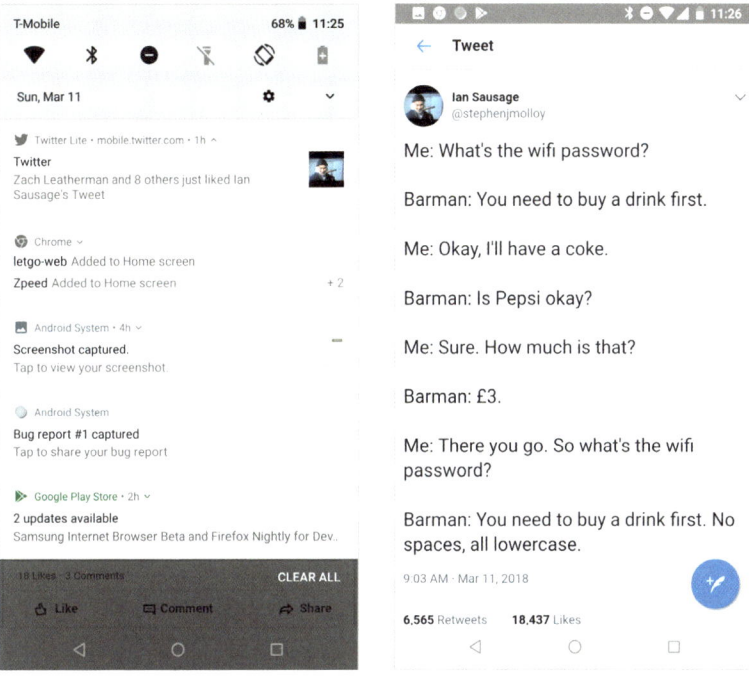

그림 2.6 트위터 라이트Twitter Lite는 트위터의 프로그레시브 웹 앱이다. 네이티브 앱과 똑같은 푸시 알림을 보낸다. 트위터 라이트가 발송한 푸시 알림도 다른 알림과 함께 표시된다(왼쪽). 푸시 알림을 터치하면 트위터 라이트 앱의 해당 트윗으로 바로 연결된다(오른쪽).

사용자 활동을 유지한다

사용자가 앱을 꾸준히 사용하게 하는 방법 중에는 아마도 푸시 알림이 최고일 것이다. 푸시 알림이 하는 일은 긴급 속보나 채팅 메시지 같은 새 정보가 있다고 슬쩍 보여주어서 사용자가 앱을 다시 실행하지 않고는 못 버티게 만드는 것이다.

푸시 알림을 네이티브 앱을 설치한 사용자에게만 보내란 법이 있을까? 여러분이 채팅 앱이나 소셜미디어 앱을 운영하고 있다면 사용자에게 새 메시지 알림을 보내면 좋지 않을까?(그림 2.6)

프로그레시브 웹 앱을 (특히 우리의 친구 서비스 워커를) 이용하면 웹사이트에서도 푸시 알림을 보낼 수 있다. 푸시 알림이 프로그레시브 웹 앱의 필수 요건은 아니지만 사용자 활동과 수익을 높이는 데 효과적인 경우가 많다.

- 엑스트라 일렉트로닉스United eXtra Electronics는 푸시 알림을 이용해 재방문율을 네 배 높였고, 푸시 알림으로 유도된 고객으로부터 매출을 100% 올렸다(http://bkaprt.com/pwa/02-20/).
- 푸시 알림으로 랑콤의 장바구니 복구율이 12% 증가했다 (http://bkaprt.com/pwa/02-21/).
- 타깃 광고 회사 OLX는 푸시 알림을 이용해 재방문율을 250% 높였고, 광고 클릭률도 146% 향상시켰다(http://bkaprt.com/pwa/02-22/).
- 카니발 크루즈 라인Carnival Cruise Line의 푸시 알림은 42%의 열람률을 기록했다. 모바일에서 24%의 사용자가 푸시 알림 수신에 동의했는데, 데스크톱에서도 16%의 사용자가 수신에 동의했다(http://bkaprt.com/pwa/02-23/).

푸시 알림에 대해서는 6장에서 더 다루겠다. 당장은 프로그레시브 웹 앱에서 네이티브 앱과 똑같이 푸시 알림을 보낼 수 있다는 것만 알아두어도 여러분이 회사를 설득하는 데 도움이 될 것이다.

여러분이 네이티브 앱을 보유하고 있든 아니든 프로그레시브 웹 앱을 도입하는 것은 훌륭한 선택이다. 프로그레시브 웹 앱을 준비하는 과정 하나하나가 모두 여러분의 웹사이트를 더 좋게 만들어 줄 것이다. 웹사이트는 안전해야 한다. 웹사이트는 빨라야 한다. 웹사이트가 오프라인에서도 작동하고, 푸시 알림을 보낼 수 있다면 더할 나위 없을 것이다.

네이티브 앱을 설치하지 않았거나 사용하지 않는 고객에게 더 나은 웹사이트를 경험하게 하는 것은 여러분 사업에 훌륭한 기폭제가 될 것이다. 정말 간단한 문제이다.

웹은 더 많은 것을 할 수 있다

프로그레시브 웹 앱과 네이티브 앱의 장단점을 비교하며 이 둘이 서로 대체재인 것처럼 오인하게 만드는 기사가 정말 많다. 이런 기사들은 잘못된 이분법적 개념을 퍼트릴 뿐만 아니라 웹이 할 수 있는 일에 대해서도 시대착오적인 이야기를 하고 있다.

예를 들어 모바일 마케터Mobile Marketer는 최근 한 기사에서 프로그레시브 웹 앱이 "현재까지는 휴대전화의 카메라, GPS, 지문 인식기를 포함해 네이티브 앱이 지원하는 모든 하드웨어를 지원하지 못한다"라고 주장했다(http://bkaprt.com/pwa/02-24/).

맞다. 일반적으로는 장치 접근 권한이 웹보다 네이티브 앱에 먼저 주어지는 것이 사실이다. 하지만 예로 든 카메라, GPS, 지문 인식기는 사실 웹 브라우저에서 어느 정도 접근이 가능하다.

아이폰에서 위치 API(Geolocation API)를 통해 GPS 정보를 이용할 수 있게 된 것이 2009년부터다(http://bkaprt.com/pwa/02-25/). 요즘은 위치정보 활용 동의를 구하지 않는 웹사이트를 찾아보기 힘들 지경이다.

카메라는 인스타그램의 사례를 들어 설명할 수 있다. 인스타그램은 개발도상국 시장 확보를 위해 프로그레시브 웹 앱을 개발했다. 프로그레시브 웹 앱으로 사진을 찍고, 동영상을 촬영하고, 필터를 적용할 수 있다. 서비스 워커로 백그라운드 동기화를 적용하면 오프라인일 때 찍은 사진을 온라인으로 전환되었을 때 자동으로 업

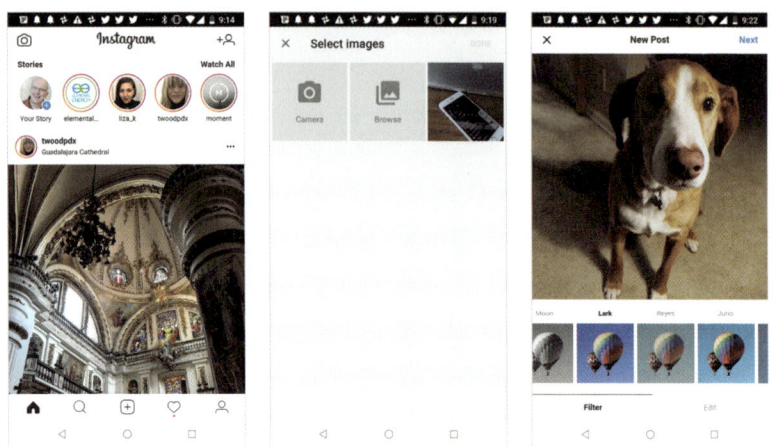

그림 2.7 인스타그램의 프로그레시브 웹 앱은 네이티브 앱과 비교해도 기능상 크게 손색이 없다.

로드할 수도 있다(그림 2.7).

지문 인식기에 대한 사례는 7장의 결제 요청 API^{Payment Request API}와 내 구매 경험에서 확인하기 바란다. 이 책에 사용할 스크린샷을 찾던 중 우연히 지문으로 양말 한 켤레를 구매한 일화가 있다. 내 신용카드 청구서가 웹에서 지문 인식기를 이용할 수 있다는 증거다.

내 의도는 기사를 반박하려는 것이 아니다. 생각보다 웹이 많은 것을 할 수 있다는 것을 보여주는 것이다. 웹 표준은 진화하고 있다. 기존 네이티브 앱의 고유 영역이었던 분야에 웹도 서서히 발을 들이고 있다. 대부분의 사람들은 새로 발표되는 표준과 브라우저의 지원사항을 다 확인할 시간이 없다.

페이퍼플레인^{Paper Planes}은 사람들 머릿속 웹의 한계를 깨트려주는 프로그레시브 웹 앱이다. 가상의 종이비행기를 만들어 여러분의 위치를 스탬프로 찍은 뒤, 손목을 살짝 흔들면 지구 반대편으로 날

그림 2.8 휴대전화의 자이로스코프와 가속도계를 이용해 가상의 종이비행기를 세계 곳곳으로 날리고, 받고, 추적할 수 있다.

릴 수 있다. 다른 사람의 종이비행기를 잡아 어디서 왔는지 확인할 수도 있다. 이 모든 것은 브라우저에서 휴대전화의 자이로스코프와 가속도계에 접근할 수 있기 때문에 가능하다(http://bkaprt.com/pwa/02-26/)(그림 2.8).

　지난 몇 년 동안 많은 변화가 있었다. 여러분이 만들고 싶은 프로그레시브 웹 앱에 필요한 기능이 웹에서 지원되는가를 조사해본 지 시간이 꽤 지났다면, 다시 한번 확인해보면 어떨까? 요즘 웹이 할 수 있는 일을 알게 되면 행복한 비명을 지르게 될지도 모른다.

브라우저 지원

프로그레시브 웹 앱이 초기에 받은 비판 중에는 애플에서 지원하지 않는다는 점이 있었다. 이 문제는 iOS 11.3에 서비스 워커가 탑

재되면서 해결되었다. 사파리 사용자들도 프로그레시브 웹 앱의 핵심 기능(성능과 오프라인 실행)을 이용할 수 있게 된 것이다.

사파리가 서비스 워커를 지원함으로써 주요 웹 브라우저들이 모두 프로그레시브 웹 앱 기술을 지원하게 되었다. 하지만 그전에도 사파리 지원 문제 때문에 걱정한 것은 좀 지나친 면이 있었다. 프로그레시브 웹 앱 기술을 지원하지 않는 오래된 브라우저를 쓰는 사용자들은 앞으로도 존재할 것이다. 하지만 이런 이유로 프로그레시브 웹 앱 구축을 망설일 필요는 없다.

프로그레시브 웹 앱을 구축하면 프로그레시브 웹 앱의 모든 기능을 지원하지 않는 브라우저를 쓰는 사용자에게도 혜택을 제공할 수 있다. 애플이 사파리에 서비스 워커를 싣기 한참 전부터 프로그레시브 웹 앱을 통해 iOS에서 전환율과 사용자 활동률이 개선되었다고 보고한 회사가 많다. 알리익스프레스^{AliExpress}는 모든 브라우저에서 신규 사용자의 전환율이 104% 증가했는데, iOS에서만 82%가 늘었다(http://bkaprt.com/pwa/02-27/). 《워싱턴포스트^{Washington Post}》는 프로그레시브 웹 앱으로 사용자 활동을 다섯 배 높였는데 안드로이드와 iOS에서 차이가 거의 없었다(http://bkaprt.com/pwa/02-28/). 그리고 여행사 위고는 프로그레시브 웹 앱을 구축한 뒤에 전환율이 50% 높아졌고 iOS 장치에서의 평균 세션 시간이 35% 증가했다(http://bkaprt.com/pwa/00-02/).

사파리가 프로그레시브 웹 앱을 지원하지 않았는데도 프로그레시브 웹 앱 구축으로 전환율과 사용자 활동률이 증가한 이유를 어떻게 설명할 수 있을까? 확실히는 모르지만 서비스 워커를 지원하지 않는 플랫폼에서조차 프로그레시브 웹 앱의 성능이 좋았다고 보는 것이 가장 정답에 가깝지 않을까 싶다.

프로그레시브 웹 앱의 모든 장점을 살리고자 하는 회사는 성능을 최대한 높이기 위해 노력할 것이다. 성능을 개선하려면 현재 사이트 속도의 발목을 잡는 여러 가지 골칫덩이들을 해결해야 할 것이다. 최적화되지 않은 이미지, 비대한 자바스크립트 프레임워크, 과도하게 가져다 붙인 외부 스크립트 같은 것들 말이다. 이런 장애물들을 제거함으로써 모든 브라우저(프로그레시브 웹 앱을 지원하지 않더라도)에서 성능이 높아지는 것이다.

그래서 나는 프로그레시브 웹 앱을 웹사이트 성능 개선을 품은 트로이의 목마라고 부른다. 프로그레시브 웹 앱에는 푸시 알림, 오프라인 실행, 홈 화면 아이콘, 앱 스토어 등 온갖 현란한 기능이 있다. 하지만 성능이야말로 사용자 경험과 순이익에 가장 큰 영향을 미친다. 이런 멋진 기능을 구현하는 과정에 웹사이트의 성능까지 개선된다면 모두에게 더없이 좋은 일이다.

더 나은 웹, 더 빠른 웹

여러분의 웹사이트를 프로그레시브 웹 앱으로 바꿔야 할까? 답은 분명히 "예스"다. 여러분의 웹사이트가 '앱'에는 잘 맞지 않는다고 생각하는 경우에도 프로그레시브 웹 앱의 핵심 특징은 어떤 웹사이트든 개선점이 될 수 있다. 빠르고, 안전하고, 안정적인 웹사이트에서 이익을 얻지 못할 사람이 누가 있을까?

비즈니스 관점에서 프로그레시브 웹 앱은 성공을 거두었다. 전환율·매출·광고 수익의 상승을 이끌었다. 푸시 알림으로 사용자 활동을 유지시켰다. 회사가 더 많은 고객을 유치하고 웹사이트를 최대한 활용할 수 있게 했다. 프로그레시브 웹 앱을 시작하면 경쟁에서 앞서나갈 수 있다.

두려움·불확실성·의심만 걷어내면 프로그레시브 웹 앱이 훌륭하다는 사실이 확실히 보인다. 프로그레시브 웹 앱은 너무나 많은 가능성을 열어준다. 프로그레시브 웹 앱으로 무엇을 할지 결정하는 것이 가장 큰 고민거리가 될 것이다. 이제부터는 여러분이 선택할 수 있는 옵션과 그 결과에 대해 알아보도록 하겠다.

3 앱의 느낌 살리기

나는 "웹 앱은 포르노나 브런치와 같아, 묘사할 수는 있어도 정의할 수는 없다"고 말한 적이 있다(http://bkaprt.com/pwa/03-01/). 이것이 프로그레시브 웹 앱을 개발하려는 팀에 어떤 의미일까?

    여러분 조직의 모든 구성원이 프로그레시브 웹 앱을 개발하는 것이 중요하다고 생각한다 하더라도 각자가 그리는 앱의 외양, 느낌, 기능이 일치할 가능성은 거의 없다.

    여러분의 웹사이트가 앱처럼 '느껴져야' 한다는 말이 무슨 뜻인지를 다 같이 공유하는 것이 개발 과정에서 핵심일 정도로 중요하다. 이 꿈을 얼마나 멀리까지 좇아가는지에 따라서 작업의 범위, 앱의 기능, 성과 등 모든 것이 달라진다.

    그렇다면 앱처럼 느껴진다는 것은 무슨 뜻일까? 질문을 좀더 고쳐서, 그게 정말로 목표가 될 수 있을까?

'앱처럼 느껴지게 만들기'란 그 자체로는 목표가 되지 못한다. 사용자들이 여러분의 프로그레시브 웹 앱을 사용할 때 "앱이 '사이트'보다는 '앱'에 더 가깝게 느껴지는가?"와 같은 점을 신경 쓰지는 않을 것이다.

사용자들이 앱을 사용할 때 주의를 끌 만한 특징에 초점을 맞추는 것이 낫다. "앱처럼 느껴진다"고 하면 대개는 웹사이트가 다음의 특징을 보인다는 뜻일 것이다.

- 네이티브 앱과 같은 외양과 동작
- 전체 화면
- 빠른 로딩과 부드러운 전환 효과
- 깔끔한 마감과 개성

여러분의 팀이 꼽는 강조점이 이것과 다를 수 있다. 하지만 앱다운 것이 무엇인지에 관한 여러분의 추상적인 느낌을 좀더 구체적으로 해석해보면 앞에서 열거한 특징에 가까워질 것이다.

나는 여러분이 중요하게 여기는 점이 무엇인지 모르기 때문에 내가 나열한 특징들을 이용해 웹 앱에 앱의 느낌을 부여하는 방법을 자세히 살펴보도록 하겠다.

네이티브 앱과 같은 외양과 동작

구글에서 프로그레시브 웹 앱 제품 관리자였던 오언 캠벨 무어[Owen Campbell-Moore]는 프로그레시브 웹 앱을 네이티브 앱에 딱 맞춰 만드는 것이 중요하다고 보았다. "사용자들은 네이티브 앱의 터치 조작과 정보 체계에 익숙해져 있으므로 똑같이 맞춰 부자연스러운 경험을 방지하는 것이 중요하다"(http://bkaprt.com/pwa/03-02/).

사용자가 단말기에 기대하는 바에 맞추는 것은 이야기해볼 만한 주제다. 사용자가 여러분의 프로그레시브 웹 앱을 안드로이드 단말기에서 실행한다면, 앱이 안드로이드 앱처럼 느껴지는 것이 좋을 것이다. 아이폰에서는 iOS 앱처럼 느껴지면 좋을 것이다. 윈도우에서는 윈도우 앱처럼 느껴지는 것이 좋다. 이런 식이다.

장치의 운영체제와 모양을 맞추는 것은 확실히 가능한 일이다. 예를 들어 각 운영체제가 제공하는 시스템 글꼴을 이용하면 앱이 그 환경의 다른 앱과 더 비슷하게 보일 것이다. 제프 그레이엄Geoff Graham은 글꼴을 각 운영체제의 시스템 글꼴에 맞추는 CSS 기법을 정리한 레퍼런스를 관리하고 있다(http://bkaprt.com/pwa/03-03/).

```
body {
    font-family: -apple-system,BlinkMacSystemFont,
       "Segoe UI",Roboto,Oxygen-Sans,Ubuntu,Cantarell,
       "Helvetica Neue",sans-serif
}
```

CSS 작업 그룹CSS Working Group은 font-family에 지정하면 운영체제 글꼴로 적용되는 system-ui라는 새로운 값의 표준화를 시작했다(http://bkaprt.com/pwa/03-04/). 일부 웹 브라우저가 이 새로운 표준안을 채택하기는 했지만(http://bkaprt.com/pwa/03-05/), 윈도우에서 다국어 지원 관련 문제가 여러 건 발생해 깃허브와 부트스트랩이 글꼴 목록에서 system-ui를 삭제하는 일이 벌어지기도 했다(http://bkaprt.com/pwa/03-06/). 따라서 system-ui 값을 사용할 때는 주의 깊게 테스트해야 한다.

글꼴에서 더 나아가고자 한다면 플랫폼의 디자인 체계를 적용해볼 수 있다. 구글의 '머티리얼 디자인Material Design' 체계를 구현한 여러 종류의 공식·비공식 CSS, 자바스크립트 프레임워크가 공개되어 있다(http://bkaprt.com/pwa/03-07/). iOS 디자인 체계를 웹에 복제할 수 있는 애플의 공식 라이브러리는 없지만 웹 기술로 iOS의 외양을 흉내 내는 서드파티가 많이 있다. 마이크로소프트의 '플루언트 디자인Fluent Design' 체계는 비교적 새로 나온 것인데 이 책을 집필하는 시점에는 아직 웹에서의 사용 허가를 얻지 못했다.

그런데 앱을 플랫폼과 어울리게 디자인하는 것이 좋다고는 해도 실제로 그렇게 하기란 쉽지 않은 일이다. 각 플랫폼에는 저마다 방대한 양의 디자인 체계와 가이드라인이 있다. 몇 개의 플랫폼에 디자인 체계를 맞추어야 할까? 한 플랫폼에서 권장하는 디자인이 다른 플랫폼의 권장사항과 충돌한다면? 디자인 체계가 변경되면? 각 운영체제가 업데이트될 때마다 프로그레시브 웹 앱을 그에 맞춰 수정해야 할까?

프로그레시브 웹 앱을 모바일 기기에서만 실행하는 것이 아니라는 점도 잊지 말자. 사용자들은 여전히 다른 장치의 웹 브라우저에도 방문할 것이다. 와이드스크린 반응형 디자인을 맥 앱이나 윈도우 앱처럼 꾸며야 할까?

불쾌한 골짜기

설령 계속 변화하는 다양한 플랫폼의 디자인 체계를 최대한 적용할 수 있더라도, 앱이 불쾌한 골짜기the uncanny valley의 앱 버전으로 전락할 위험이 있다. '불쾌한 골짜기'란 로봇이 인간을 불완전하게 닮을수록 불쾌한 느낌을 준다는 이론이다. 거의 완벽해 보이지만 미묘하게 기분 나쁜 사람 형상보다는 단순한 만화 버전의 사람 형상이 훨씬 친근하고 믿음직하게 느껴질 가능성이 높다는 것이다.

내 생각에는 웹 앱에도 비슷한 무언가가 적용되는 것 같다. 웹 앱

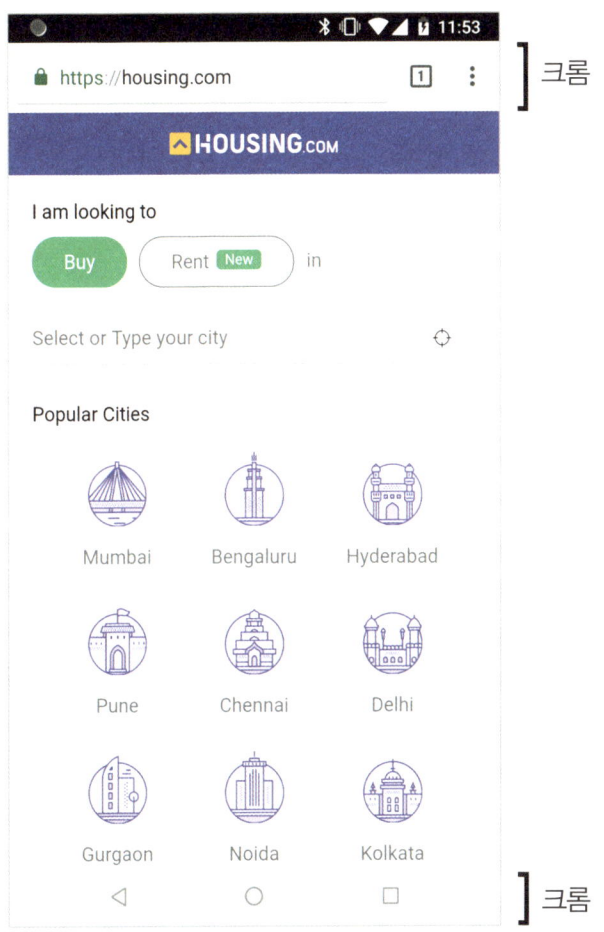

그림 3.1 주소 막대, 뒤로가기 버튼과 같이 웹 페이지를 둘러싼 사용자 인터페이스 요소를 '크롬'이라고 한다.

을 네이티브 앱과 최대한 비슷하게 만드는 만큼 디자인 가이드라인과 완벽히 일치하지 않는 순간 그 차이가 확연하게 느껴지는 것이다. 나는 개별 플랫폼의 특정한 디자인 미학들을 동시에 포괄하기보다는 브랜드 정체성에 부합하며 다양한 장치에서 훌륭한 사용자 경험을 제공하도록 디자인하는 것이 훨씬 낫다고 생각한다.

사용자들이 프로그레시브 웹 앱이 네이티브 앱과 비슷하게 동작하기를 기대한다는 생각은 아직 검증되지 않았다. 프로그레시브 웹 앱의 아이콘을 홈 화면에 추가하는 사람들은 대부분 브라우저에서 프로그레시브 웹 앱을 사용해본 후에야 실행한다. 앱을 홈 화면에 추가할 만큼 브라우저에서의 경험이 괜찮았다면, 이제 아이콘을 눌러서 앱을 실행했다는 이유만으로 그 경험이 다른 무언가로 변경되기를 원할까?

따로 분명한 사업적 가치가 없다면 프로그레시브 웹 앱을 특정한 네이티브 플랫폼에 맞춰 디자인하는 것은 그 수고에 비해 가치가 없다. 어떤 운영체제에서 실행하더라도 훌륭한 디자인에 초점을 맞추도록 하자.

전체화면

사용자가 자신이 가장 즐겨 사용하는 웹 브라우저로 프로그레시브 웹 앱에 접속할 때를 생각해보자. 웹사이트는 브라우저의 크롬(윈도우 프레임, 도구 막대, 스크롤 막대 등 웹사이트 외의 브라우저 장식 요소) 속에 갇혀 출력된다(그림 3.1). 사실 구글의 웹 브라우저는 디자인에서 크롬 요소를 줄이는 것이 의식적인 목표였는데, 그래서 역설적으로 '크롬'이라는 이름을 갖게 되었다(http://bkaprt.com/pwa/03-08/).

사용자가 브라우저를 통해 프로그레시브 웹 앱에 접속한다면 여러분은 사용자가 보게 될 브라우저의 자체 UI를 통제할 방법이 없다. 하지만 사용자가 프로그레시브 웹 앱을 홈 화면에 추가하는 순간, 여러분은 브라우저의 UI를 얼마나 보이게 할지 결정할 수 있게

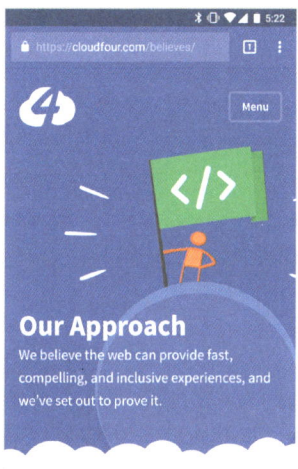
display-mode: browser

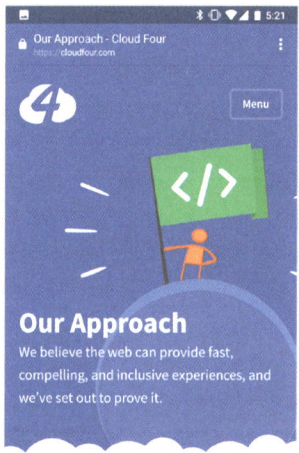
display-mode: minimal-ui

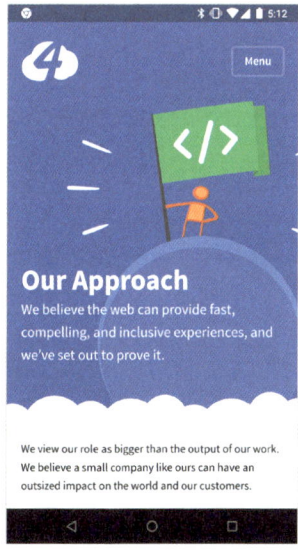
display-mode: standalone

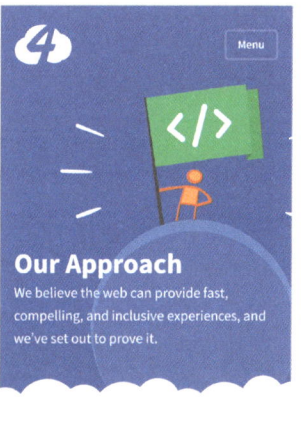
display-mode: fullscreen

그림 3.2 크롬 브라우저로 여러 가지 화면 모드에서 클라우드포 웹사이트에 접속한 모습이다. 화면 모드마다 어떻게 다른지 차이점을 살펴보기 바란다.

된다. 프로그레시브 웹 앱의 매니페스트 파일에서 화면 모드display mode를 지정하면 된다.

지정할 수 있는 화면 모드는 네 가지다(http://bkaprt.com/pwa/03-09/)(그림 3.2).

- browser 일반적인 브라우저 탭이나 창을 연다.
- minimal-ui 내비게이션 UI를 포함한 최소한의 UI 요소만 출력한다. 페이지의 URL을 볼 수 있는 UI가 함께 출력될 수도 있다.
- standalone 웹 앱을 별도의 네이티브 앱처럼 출력한다. 상태 막대, 뒤로가기 버튼 같은 운영체제 UI 요소가 출력될 수 있다.
- fullscreen 앱이 모든 화면을 차지한다.

앱 말고는 아무것도 출력하지 않는 fullscreen을 제외하면, 각 화면 모드를 어떻게 구현할 것인지는 브라우저의 재량에 달려 있다. 브라우저 중에는 현재까지 모든 화면 모드를 지원하지 않는 것도 있다. 프로그레시브 웹 앱이 아직 도입기이므로 브라우저 제조사들이 각 모드에서 어떤 기능을 넣는 것이 가장 좋은지 여전히 실험 중이다.

브라우저 UI 제거의 숨은 비용

마침내 브라우저라는 감옥에서 탈출할 수 있다니, 당장 fullscreen 화면 모드를 적용하고 싶어 몸이 근질거린다. 이것이 바로 네이티브 앱에서나 가능했던 온전한 기능을 다 갖춘 앱을 만들 절호의 기회가 아닐까. 여러분의 멋들어진 프로그레시브 웹 앱을 출력하는 데만 모든 화면을 다 쓸 수 있다는데 누가 마다하겠는가.

그림 3.3 폴리머Polymer 데모 사이트에서 일반적인 쇼핑몰 앱의 흐름을 볼 수 있다. 메인 화면(왼쪽)에서 상품 목록(가운데)을 거쳐 특정 상품 화면(오른쪽)으로 이동한다.

하지만 화면 모드를 선택할 때는 신중을 기해야 한다. 브라우저가 제공하는 수많은 기능을 당연한 것으로 받아들이기 쉽다. 하지만 브라우저를 버리고 fullscreen 화면 모드로 나아가면 주소 막대, 뒤로가기 버튼, 공유 옵션, 인쇄 등 사용자들에게 꼭 필요한 여러 가지 기능도 함께 버리게 된다.

이런 브라우저 기능을 프로그레시브 웹 앱에서 직접 구현하는 것은 보기보다 어려운 일이다. 그 흔한 뒤로가기 버튼조차 까다롭다. 뒤로가기 버튼을 만들기 위해서는 브라우저의 방문 이력을 추적해야 하고 앱이 올바른 페이지로 이동하도록 앱의 상태를 관리해야 한다. 방문 이력 API History API를 이용해 브라우저의 방문 이력을 관리하고 갱신할 수 있지만 그동안 브라우저에 의존해 이력 추적을 한 번도 신경 써본 적이 없다면 이 기능을 추가하는 것이 예상치 못한 난관이 될 수 있다.

여러분이 프로그레시브 웹 앱을 단일 페이지 앱 구조(곧 자세히

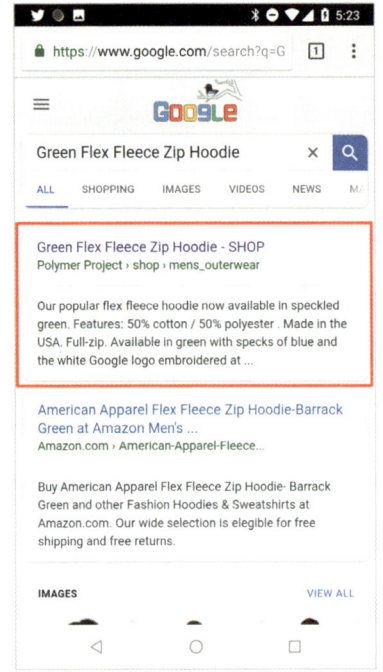 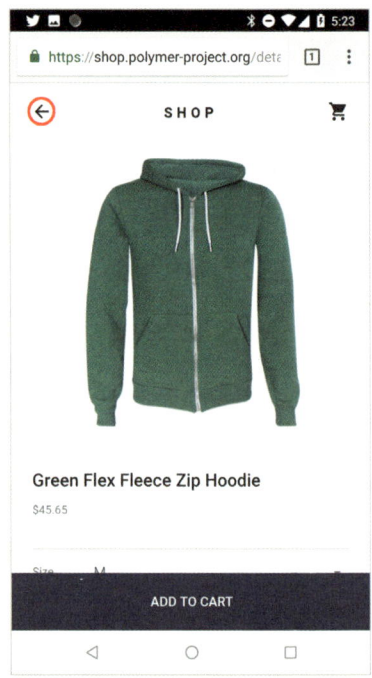

그림 3.4 사용자가 검색 결과(왼쪽)에서 링크를 타고 폴리머 쇼핑몰의 상품 상세 페이지(오른쪽)로 왔다면 페이지 본문의 뒤로가기 버튼을 눌렀을 때 어디로 가야 할까? 사용자는 어떻게 예상할까?

설명할 것이다)로 개발하기로 한다면 어려움은 더 커진다. 뒤로가기 버튼을 구현할 때 스크롤 위치도 유지해야 하기 때문이다. 이것을 신경 쓰지 않으면 사용자가 뒤로가기 버튼을 누를 때마다 페이지의 원래 위치가 아니라 최상단으로 돌아가게 된다.

네이티브 모바일 앱은 일반적인 웹 브라우저에 비해서 뒤로가기 버튼이 좀더 엄격하게 작동한다. 쇼핑 네이티브 앱을 예로 들어보자. 메인 화면에서 상품 목록으로 갔다가 다시 상품 상세 페이지로 갈 수 있다(그림 3.3).

이 경우 뒤로가기 버튼이 하는 일은 단순명료하다. 내비게이션

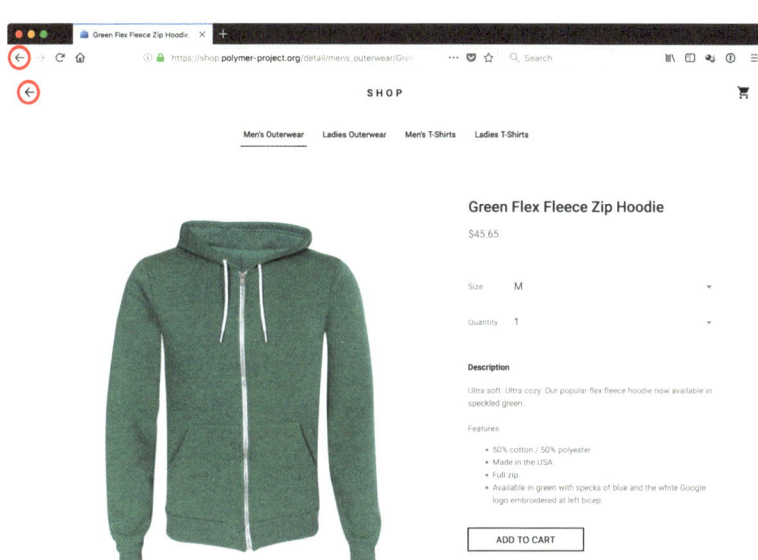

그림 3.5 사용자가 검색 결과를 통해 이 페이지에 방문했을 때 페이지의 뒤로가기 버튼과 브라우저의 뒤로가기 버튼이 동일하게 작동할까?

순서를 거꾸로 되돌리면 된다. 여러분은 방금 상품 상세 페이지까지 탐색했기 때문에 이 내비게이션 순서를 정확히 알고 있다. 사용자들은 상품 목록을 훑으며 원하는 상품을 찾아 상품 상세 페이지를 들락날락하는 데 익숙하다.

하지만 웹을 탐색할 때는 과정이 이렇게 선형적이지 않다. 누군가 상품 상세 페이지를 보고 있다면 메인 화면에서 상품 목록을 차례대로 거쳐 왔을 수도 있지만 검색 결과나 트위터 링크를 타고 왔을 가능성도 있다. 그렇다면 프로그레시브 웹 앱에서 뒤로가기 버튼을 눌렀을 때 사용자들은 어디로 이동한다고 예상할까? 네이티브 앱처럼 상품 목록으로 돌아가면 될까? 아니면 검색 결과로 돌아가야 할까?(그림 3.4)

3장 앱의 느낌 살리기   55

프로그레시브 웹 앱을 모바일 기기에서 보고 있는 것이 아니라면 어떨까? 앱에서 만든 뒤로가기 버튼을 누르면 어디로 갈까? 브라우저가 제공하는 뒤로가기 버튼과 동일한 위치로 이동할까? 폴리머 쇼핑몰 데모 사이트의 프로그레시브 웹 앱에서는 뒤로가기 버튼을 누르자 상품 목록으로 이동했다. 브라우저의 뒤로가기 버튼은 검색 결과로 되돌아갔는데 말이다(그림 3.5).

브라우저의 앞뒤 이동 버튼과 폴리머 데모 사이트의 뒤로가기 버튼을 번갈아 누르면 더 우스운 일이 벌어진다. 앱의 뒤로가기 버튼을 눌러 상품 목록 페이지로 간 뒤, 브라우저의 뒤로가기 버튼을 누르면 다시 상품 상세 페이지로 돌아간다. 이제 브라우저의 앞뒤가 반대로 움직인다. 브라우저의 앞으로가기 버튼을 누르든, 앱의 뒤로가기 버튼을 누르든 둘 다 상품 목록 페이지로 이동하게 된다. 모든 길은 로마로 통한다더니…….

화면 모드 감지하기

프로그레시브 웹 앱에 전체화면 모드를 적용하려면 그 앱을 전체화면으로 보지 않을 때 사용성이 어떨지도 따져봐야 한다. 브라우저에 뒤로가기 버튼이 있는 상황에서 앱에도 뒤로가기 버튼이 있어야 할까?

다행히 앱이 출력되는 화면 모드를 확인하고 그에 맞게 레이아웃을 수정할 수 있게 해주는 미디어 쿼리가 있다. 다음은 fullscreen 화면 모드에서만 뒤로가기 버튼을 노출하는 예제이다.

```
.backButton {
    display: none;
}
@media (display-mode: fullscreen) {
```

```
.backButton {
  display: block;
}
}
```

이 예제에서는 사용자가 브라우저를 통해 앱을 이용하는 것을 기본값으로 설정하고 있다. 프로그레시브 웹 앱을 전체화면 모드로 이용하는 사람보다 브라우저의 UI 속에서 이용하는 사람이 더 많을 가능성이 높다.

URL 손실의 대가

화면 모드를 standalone 또는 fullscreen으로 지정하면 주소 막대가 사라진다. 그리고 웹의 주춧돌 가운데 하나인 URL도 함께 사라진다.

화면 크기를 더 많이 확보할 수 있다면 URL쯤은 큰 손실이 아니라고 생각할 수 있다. 뭐, 요새 누가 URL을 신경 쓸까. 그러나 URL이 웹의 핵심 요소인 데는 그만한 이유가 있다. URL은 사용자가 접속한 사이트를 식별할 수 있게 해준다. 사이트가 안전한지 아닌지도 알려준다. 사이트에서 다른 페이지를 봐야 할 때 URL을 수정해 이동하는 사용자도 있다.

가장 중요한 점을 꼽자면 사용자들이 URL을 이용해 사이트를 공유한다는 점이다. 우리는 다른 사람이 좋아할 만한 콘텐츠를 발견하면 그 사람에게 URL을 보낸다. 페이스북이나 트위터에 기사를 공유할 때도 URL을 공유한다. 여러분이 웹사이트에서 주소 막대를 없애면 사용자가 URL을 복사할 수 없게 되어 웹사이트를 공유하기가 어려워진다.

화면 모드를 standalone이나 fullscreen으로 설정하는 경우 뒤

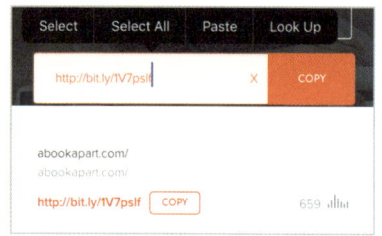 

그림 3.6 비틀리Bitly는 URL 복사 버튼을 제공하며, 추가로 URL을 텍스트 입력 폼에도 넣어 사용자가 직접 선택하고 복사할 수 있도록 했다.

　로가기 버튼을 구현해야 했던 것과 마찬가지로 프로그레시브 웹 앱에 브라우저의 주소 막대를 구현해야 하는 문제가 생긴다.

　이 문제를 해결하기 위해 웹 페이지에 소셜미디어 공유 버튼을 추가하는 방법을 생각할 수 있다. 많은 웹사이트가 사람들이 콘텐츠를 공유할지도 모른다는 생각에 어울리지도 않는 소셜미디어 버튼을 달아두었다. 하지만 소셜미디어 버튼이 효과적이라는 증거는 거의 없다. 한 연구에 따르면 모바일 사용자의 단 0.2%만이 소셜미디어 버튼을 사용한다고 한다(http://bkaprt.com/pwa/03-10/). 게다가 외부 업체(페이스북 같은)가 제공하는 자바스크립트와 이미지를 이용해 소셜미디어 버튼을 단 업체들은 사용자가 방문한 페이지와 사용자 경험을 수집해간다(http://bkaprt.com/pwa/03-11/). 다시 말하면 소셜미디어 버튼은 효과도 미미한 데다 여러분의 사용자 정보까지 팔아넘기는 셈이다.

　다른 방법은 사용자가 URL을 쉽게 복사할 수 있게 해주는 것이다. URL을 텍스트 입력 폼에 넣어 쉽게 복사하도록 하는 UX 패턴이 쓸 만하다. 브라우저에 따라 클립보드 API$^{Clipboard API}$를 통해 복사 버튼을 제공하는 것도 가능하다(http://bkaprt.com/pwa/03-12/)(그림 3.6).

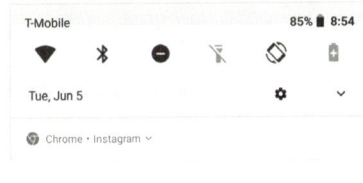 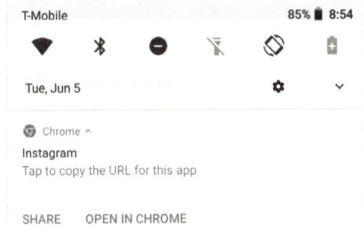

그림 3.7 크롬에는 프로그레시브 웹 앱이 standalone 또는 fullscreen 화면 모드에서 실행되는 경우 사용자가 URL을 복사하고 공유할 수 있도록 하는 저순위 알림 기능이 있다. 하지만 사용자가 이 알림을 확인하기는 쉽지 않다. 인스타그램 프로그레시브 웹 앱의 알림(왼쪽)은 일반적인 알림보다 작으며 어떤 용도인지 알려주지 않는다. 사용자가 이 알림을 눌러 열어봐야만(오른쪽) 기능을 알 수 있다.

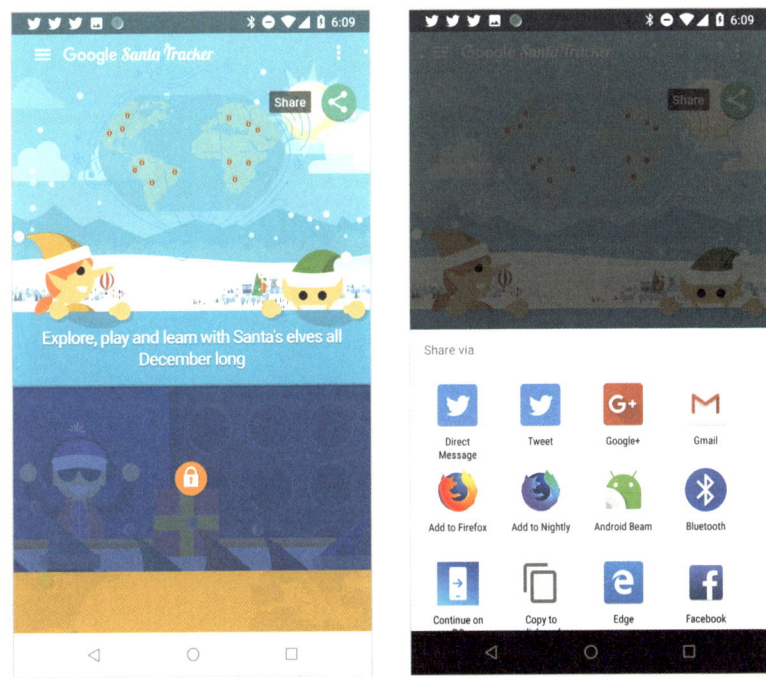

그림 3.8 구글의 산타 추적기 Santa Tracker 2017 버전(왼쪽)은 웹 공유 API를 사용했다. 공유 기능을 허용한 사용자 중 공유 횟수가 20% 증가했다(http://bkaprt.com/pwa/03-14/).

크롬에는 안드로이드에서 사용자가 URL을 복사하고 공유할 수 있도록 해주는 알림 기능이 새로 생겼다(그림 3.7). 하지만 이 알림은 우선순위가 낮아 사용자의 시선을 잘 끌지 못한다. 글자 크기도 작고, 진동도 없으며, 알림 창 속에 묻혀버린다. 사용자는 이런 기능이 있는 줄 알기 어려우므로 거기에 의존해서는 안 된다.

미래에는 웹 공유 API^{Web Share API}를 이용해 웹 페이지 안에서도 단말기의 네이티브 공유 기능을 활용할 수 있게 될 가능성이 있다. 이 책을 집필하고 있는 지금은 크롬과 오페라만 이 표준을 지원한다(http://bkaprt.com/pwa/03-13/)(그림 3.8).

화면 표시 면적을 늘리기 위해 공유 수단을 제거하는 것이 적절할지 잘 판단해야 한다. 프로그레시브 웹 앱의 화면 모드로 `browser` 또는 `minimal-ui`를 설정하는 것이 더 적절할 수도 있다. 적어도 페이지 이동·공유와 같이 브라우저 UI에서 제공되는 기능을 어떻게 보완할 것인지 계획하지 않은 채 무작정 `standalone`이나 `fullscreen` 화면 모드를 적용하지는 말자.

`display: fullscreen` 또는 `display: standalone`과 같은 단순한 화면 모드 설정 하나가 개발 비용과 사용자 경험에 엄청난 영향을 미칠 수 있다는 사실이 놀랍다.

일관성 있는 경험

사용자가 프로그레시브 웹 앱을 설치했을 때 체험하게 될 경험에만 시선이 고정되기 쉽다. 사용자가 홈 화면에서 아이콘을 눌러 웹 앱을 전체화면으로 실행하는 것을 상상하면 입꼬리가 살짝 올라간다.

하지만 실제로는 브라우저에서 이용하는 사용자가 훨씬 많을 것이다. 이것이 프로그레시브 웹 앱의 장점이니까. 프로그레시브 웹 앱을 사용하려면 아무것도 설치하지 않아도 된다. 여러분은 앱을

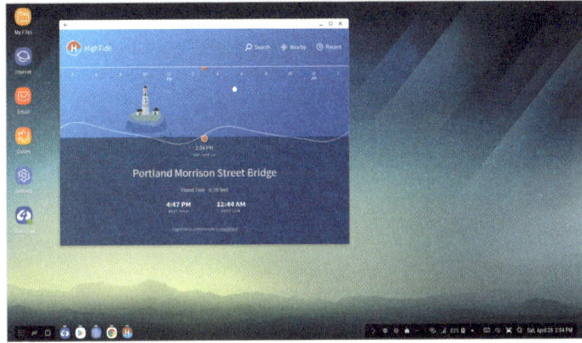

그림 3.9 프로그레시브 웹 앱에 대한 관심이 초기에는 주로 모바일 기기에 집중되지만 데스크톱 컴퓨터에서도 실행이 (일부 경우에는 설치도) 가능하다. 하이타이드^{High Tide} 프로그레시브 웹 앱은 삼성 갤럭시 S7에서는 모바일 화면으로(왼쪽) 실행되고, S7을 독에 연결하면 데스크톱 화면으로(오른쪽) 실행된다 (http://bkaprt.com/pwa/03-15/).

설치한 사용자뿐 아니라 처음 웹사이트에 방문한 사용자로부터도 높은 사용자 활동을 이끌어내는 단일한 웹 서비스를 구축할 수 있다. 또 모든 사용자에게 최상의 경험을 제공하면서도 개발 비용과 유지보수 비용을 절약할 수 있다.

따라서 사용자가 프로그레시브 웹 앱을 이용하는 다양한 수단을 모두 고려하는 것이 중요하다. 모바일 웹 브라우저, 데스크톱 컴퓨터, 페이스북 같은 네이티브 앱 속의 웹 뷰, 활동 보조장치 그리고 운이 좋으면 홈 화면 아이콘을 통한 실행까지 다양한 환경이 있을 것이다(그림 3.9). 프로그레시브 웹 앱의 특징 중 첫 번째가 '반응형'인 데는 이유가 있는 것이다.

프로그레시브 웹 앱은 브라우저 문맥의 연장선으로 바라봐야 한다. 프로그레시브 웹 앱을 잘 설계한다면 어떠한 틀에서든 조화롭게 출력될 것이다.

3장 앱의 느낌 살리기 **61**

앱 셸 내용(콘텐츠)

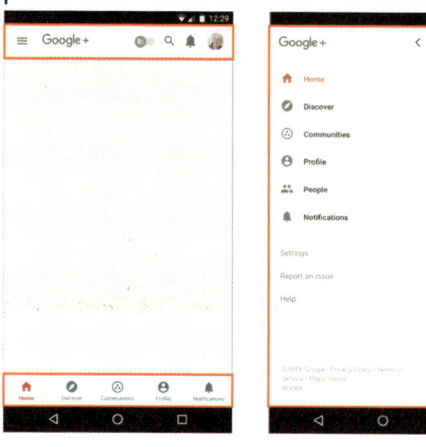
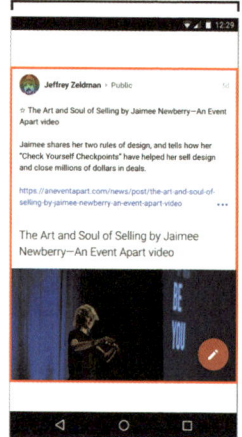

그림 3.10 구글 플러스Google Plus는 모든 페이지에서 똑같이 사용되는 컴포넌트들을 앱 셸로 만들어 캐시에 저장해둔다. 사용자가 앱을 이용하면 페이지의 내용만 바뀐다.

빠른 로딩과 부드러운 전환 효과

구글은 웹사이트를 좀더 앱처럼 느껴지게 만들려면 앱 셸 구조app shell architecture를 적용하라고 제안한다. 셸(껍데기)이란 앱의 사용자 인터페이스와 기능을 만들 때 공통으로 사용하는 부품을 뜻한다. 예를 들면 내비게이션, 헤더, 푸터, 앱 로직 등이 있다. 이들은 앱을 실행할 때 기본으로 로드된다. 페이지마다 달라지는 내용은 셸 안에 들어간다(그림 3.10).

셸을 내용과 분리해두면 셸을 오프라인 캐시에 저장해둘 수 있다. 그러면 앱을 실행할 때 네트워크 상태와 무관하게 셸이 바로 로드된다. 새 페이지의 내용만 다운로드하면 브라우저는 페이지 전체를 표시할 수 있다. 이렇게 하면 페이지의 뼈대가 빨리 로드될 뿐 아니라 각 페이지를 띄우는 데 필요한 데이터 전송량이 확연히 줄

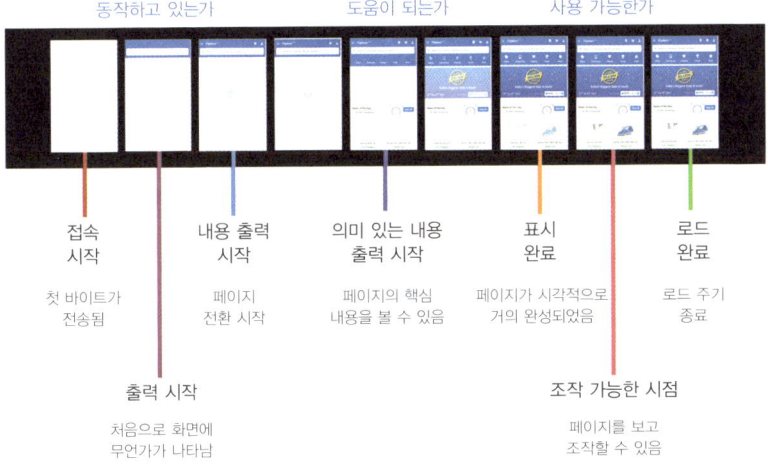

그림 3.11 애디 오스마니Addy Osmani가 제작한 타임라인. 웹 페이지를 다운로드하는 데 걸리는 전체 시간보다 사용자의 체감 성능이 더 중요하다. 앱 셸 모델을 적용하면 콘텐츠를 다운로드하는 동안 앱 셸을 표시할 수 있어 페이지의 체감 속도가 빨라진다(http://bkaprt.com/pwa/03-16/).

어드는 장점도 있다. 게다가 페이지를 전환할 때 전환 애니메이션을 적용할 수도 있다.

앱 셸 모델은 심지어 서비스 워커를 지원하지 않는 브라우저에서도 유리하다. 사용자가 웹 페이지에서 '체감하는' 속도가 실제 속도보다 더 중요하다. 앱 셸 구성 요소를 화면에 빨리 출력하면 사용자들은 웹사이트의 속도를 실제보다 더 빠르다고 느낀다(http://bkaprt.com/pwa/03-16/)(그림 3.11).

《워싱턴포스트》가 프로그레시브 웹 앱을 테스트했을 때 사용자 참여가 iOS나 안드로이드와 비슷한 수준으로 나타난 것도 이 때문이라고 생각한다. 《워싱턴포스트》의 기존 모바일 웹사이트와 프로그레시브 웹 앱을 나란히 비교해보았다. 프로그레시브 웹 앱은 모바일 웹사이트에 비해 실제로는 완전히 로드되기까지 시간이 조금

그림 3.12 위고 앱에서 깊은 단계로 이동하면 콘텐츠가 오른쪽에서 왼쪽으로 슬라이드된다.

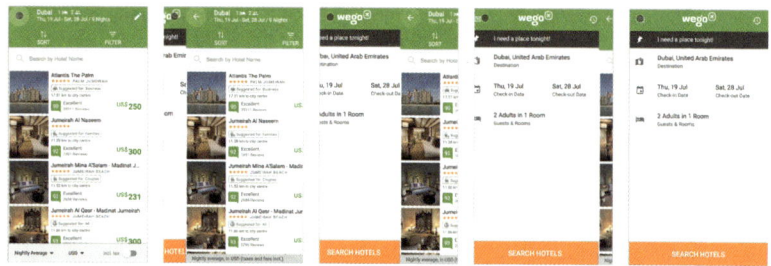

그림 3.13 위고 앱에서 뒤로가기 버튼을 누르면 화면이 왼쪽에서 오른쪽으로 슬라이드되어 이전 단계로 되돌아간다는 인식을 준다.

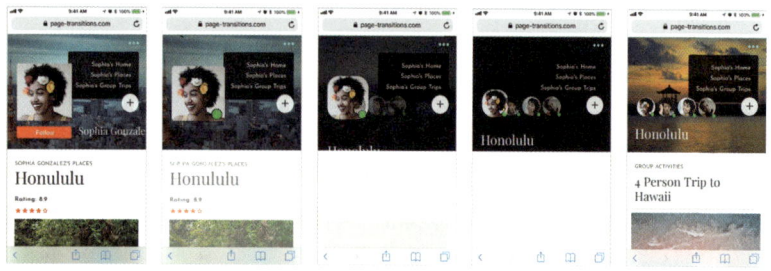

그림 3.14 세라 드래스너의 데모 사이트. 사용자가 사이트를 탐색할 때 중심 요소에 애니메이션을 부여하면 어떤 효과가 있는지 확인할 수 있다. 페이지가 Sophia's Places에서 Sophia's Group Trips로 바뀌는 동안 프로필 사진이 줄어들어 원 속에 들어가고, 그와 동시에 페이지의 나머지 요소들은 흐려지면서 사라지고 새로운 콘텐츠로 교체된다.

더 걸렸는데 체감상 훨씬 빨리 로드되는 것처럼 느껴졌다. 앱 셸 모델이 더 중요한 내용을 먼저 로드해주었기 때문이다(http://bkaprt.com/pwa/03-17/).

페이지 전환 효과

전통적인 웹사이트 구조에서는 페이지 하나하나가 독립적으로 존재했다. 브라우저의 페이지 전환을 제어할 방법도 없었다. 그러나 앱 셸을 이용해 프로그레시브 웹 앱을 제작하면 각 페이지의 전환을 제어할 수 있게 된다.

콘텐츠가 앱에 등장하는 방식을 제어해 사용자가 (특히 모바일 기기에서) 앱의 탐색 구조를 쉽게 이해하도록 할 수 있다. 예를 들어 사용자가 콘텐츠를 선택하면 그 콘텐츠를 오른쪽에서 왼쪽으로 슬라이드해 표시하고, 뒤로가기 버튼을 누르면 콘텐츠를 왼쪽에서 오른쪽으로 슬라이드해 없애는 것이다(그림 3.12). 이렇게 하면 사용자가 오른쪽으로 이동하면 자세한 정보가 나오고, 왼쪽으로 이동하면 뒤로 돌아간다고 인식할 수 있다(그림 3.13).

페이지 전환 방법은 슬라이드 방향을 바꾸는 것 외에도 많다. 얼마 전 세라 드래스너 Sarah Drasner는 페이지가 전환되는 동안 특정 요소를 강조하는 네이티브 앱과 유사한 전환 효과를 웹 애니메이션으로 구현하는 방법을 설명했다. 드래스너의 데모 사이트에서 페이지를 전환하면 프로필 사진의 크기와 위치가 바뀌면서 계속 출력되는 것을 확인할 수 있다(http://bkaprt.com/pwa/03-18/)(그림 3.14). 드래스너는 다음과 같이 설명한다.

> 상태가 변경되는 사이에 전환 효과를 주면 사용자가 느끼는 로딩 속도를 줄일 수 있다. 사용자는 페이지를 훑어볼 때 페이지에 포함

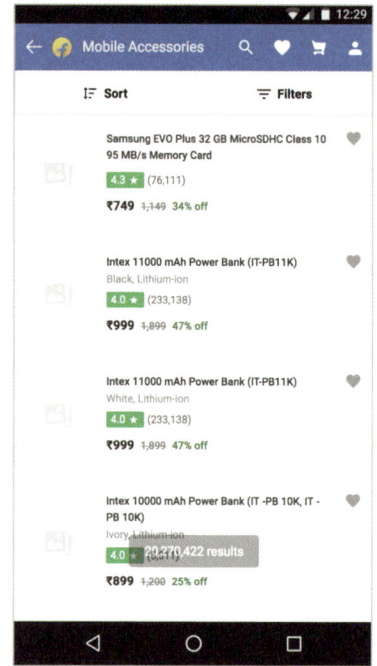 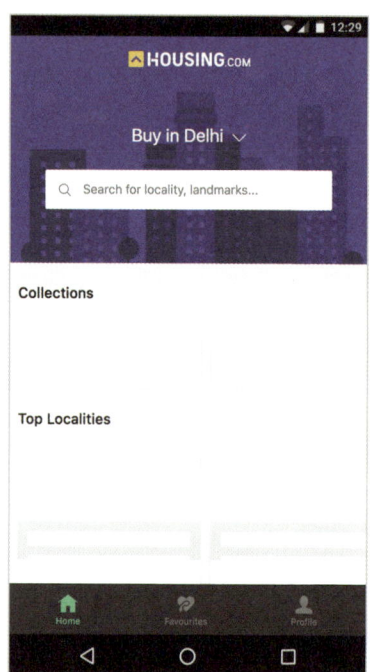

그림 3.15 플립카트Flipkart(왼쪽)와 하우징닷컴(오른쪽)은 골격 화면을 이용해 체감 성능을 높인다. 콘텐츠와 이미지가 출력될 곳에 플레이스홀더를 배치해 로딩이 진행 중이라는 것을 표시하고 있다.

된 모든 요소의 지도를 마음속에 그려야 하기 때문이다. (……) 이런 전환 효과가 없으면 페이지가 갑자기 변한다. 사용자는 마음속 지도를 새로 그려야 하고 동일한 요소마저도 새로 인식해야 한다. 이런 이유 때문에 사용자가 편안한 느낌을 받고 정보를 빠르게 얻을 수 있도록 하는 데 전환 효과가 매우 중요하다(http://bkaprt.com/pwa/03-19/).

부드러운 스크롤

앞서 언급한 것처럼 실제 속도보다 체감 속도가 더 중요하다. 여러분의 프로그레시브 웹 앱이 부드럽게 느껴지지 않는다면 실제 속도가 아무리 빨라도 사용자는 느리다고 인식할 수 있다.

페이지가 로딩 중에 이리저리 움직이거나 스크롤이 버벅거린다면 사용자에게 불쾌한 경험을 주며 앱의 마감 수준도 저해된다. 늦게 로드된 이미지나 스크립트로 인해 페이지의 레이아웃이 변경되지 않도록 하는 것이 좋다. 늦게 로드되는 항목이 있으면 부가 정보를 제공해서 브라우저가 그 항목을 배치할 자리를 미리 준비할 수 있도록 하자.

골격skeleton 화면 기법을 이용하면 늦게 로드되는 항목을 위해 자리를 마련하면서 페이지도 빠르고 부드럽게 인식되도록 할 수 있다. 골격 페이지는 실제 콘텐츠가 로드될 때까지 플레이스홀더를 배치해놓는 것이다(그림 3.15). 서비스 워커를 이용해 플레이스홀더를 오프라인에 저장해두었다가 거의 즉각적으로 로드할 수 있다.

여러분의 프로그레시브 웹 앱이 얼마나 부드럽고 반응성이 좋은지 잘 살펴보아야 한다. CPU가 느리거나 가용 메모리가 적은 기기에서도 앱이 부드럽게 동작할 수 있도록 이동식 네트워크 환경과 최저 사양 기기에서 테스트해보자. 자바스크립트를 과도하게 사용하거나 레이어를 너무 많이 쌓으면 로딩이 느려지고 전환 효과가 뚝뚝 끊기며 스크롤이 버벅거리게 될 수 있다(http://bkaprt.com/pwa/03-20/).

지난 몇 년간 브라우저 제조사들과 표준화 기구들은 앱 셸 모델 없이 페이지 전환 효과를 적용하기 위해 많은 시도를 해왔다. 하지만 아쉽게도 그 가운데 성공한 것이 하나도 없다. 앱의 페이지 전환 효과를 제어하려면 앱 셸 모델을 사용하거나 Barba.js와 같은 라이브러리를 사용하는 방법뿐이다(http://bkaprt.com/pwa/03-21/).

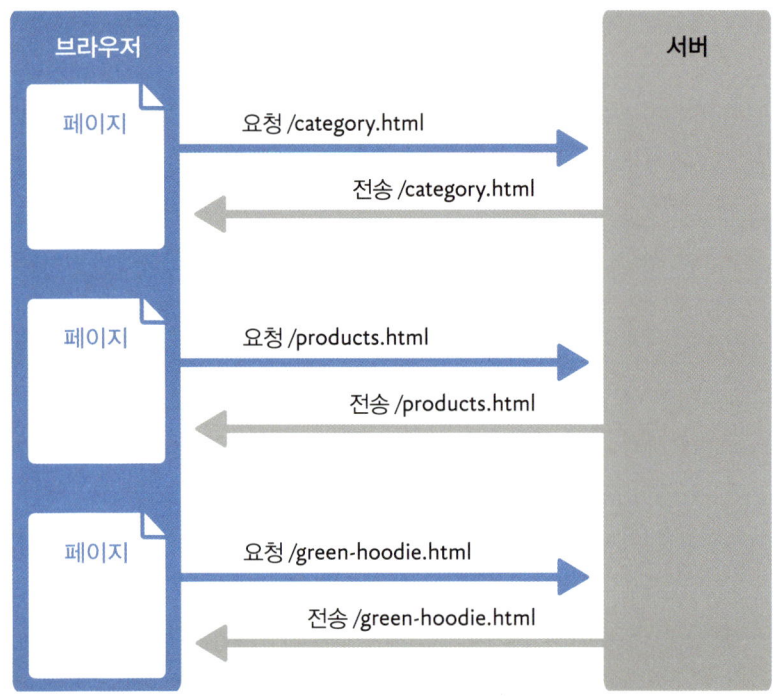

그림 3.16 전통적인 웹 구조에서는 브라우저가 HTML 문서 여러 개를 순서대로 다운로드한다. 새 문서를 조회할 때는 동일한 웹사이트일지라도 페이지 전체를 처음부터 새로 그린다.

단일 페이지 앱

분명 앱 셸 모델은 장점이 많지만 프로그레시브 웹 앱을 기획할 때 앱 셸을 선택하는 것은 그렇게 간단한 문제가 아니다. 앱 셸을 앱의 여러 부분에 적용하면 이는 곧 단일 페이지 앱Single-Page Application: SPA 을 만들겠다는 뜻이 된다. 기존 웹사이트가 이미 단일 페이지 앱으로 제작된 것이 아니라면 웹사이트를 SPA로 변환하는 일은 큰 부담이 될 수 있다.

전통적인 웹사이트는 사용자가 여러 개의 HTML 문서를 하나씩

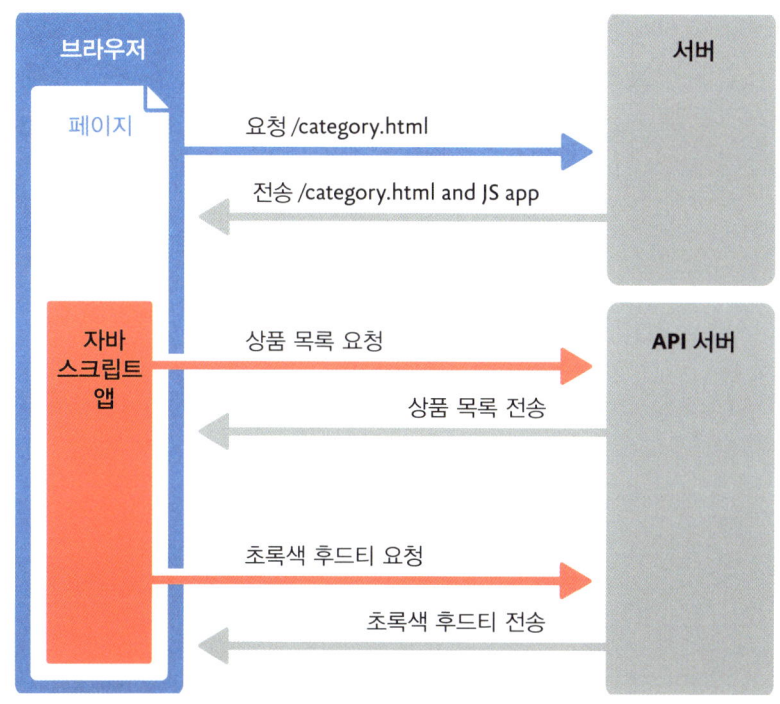

그림 3.17 단일 페이지 앱에서는 자바스크립트 앱이 새로운 정보를 다운로드해 기존 HTML 문서 속에 표시한다. 정보를 바꿀 때마다 페이지 전체를 새로 그리지 않는다.

차례대로 다운로드하는 방식에 알맞게 제작된다. 사용자가 처음에 홈페이지를 보고, 상품 목록을 보고, 이어서 상품 상세 페이지를 보는 식이다. 사용자가 각 페이지를 조회할 때마다 브라우저는 새로운 HTML 문서를 요청해 다운로드하고 전체 페이지를 완전히 새로 그려낸다(그림 3.16).

SPA에서는 처음 다운로드한 HTML 문서에 앱을 실행하기 위한 정보가 들어 있다. 그 후 페이지를 새로 조회할 때는 앱이 브라우저를 대신해 자바스크립트로 새 정보를 다운로드한다. 그리고 새로 다운로드한 내용으로 기존 내용을 변경한다(그림 3.17).

SPA의 접근법은 앱 셸 모델과 딱 들어맞는다. 자바스크립트 앱이 실행된 직후에 앱 셸을 붙여넣으면 된다. 하지만 전통적인 웹사이트 구조에서 SPA로 옮아가려면 서버 측 기술부터 시작해서 팀의 전체 기술 구성까지 모든 것을 바꿔야 할 수도 있다.

서버 측부터 살펴보면, SPA를 서비스하기 위해서는 서버가 전체 웹 페이지가 아니라 콘텐츠만 제공하는 기능을 구현해야 한다. 이 기능을 일반적인 용어로 앱 응용 프로그래밍 인터페이스Application Programming Interfaces: API라고 한다. API는 앱이 활용하기 좋은 형태로 정보를 제공하는 인터페이스다. 이상적인 API는 자바스크립트 앱에서 쉽게 처리할 수 있는 구조화된 형태(JSON 파일과 같은)로 정보를 제공한다. 여러분의 웹사이트가 전통적인 구조로 되어 있다면 SPA 구축에 앞서 API부터 만들어야 할 것이다.

한편 클라이언트 측에서 보면 SPA를 제작하는 경우에 필요한 자바스크립트 코드가 어마어마하게 복잡해진다. 자바스크립트 앱은 방문 이력, 라우팅, API 요청, 콘텐츠 그리기 등을 포함해 전통적인 구조에서는 필요하지 않던 수많은 기능을 지원해야 한다. 이 복잡성 때문에 개발자들은 이런 문제를 미리 해결해둔 자바스크립트 프레임워크(Vue.js, Svelte, Preact, Polymer 등)를 이용하기도 한다.

서버 측 렌더링 자바스크립트

앱 셸을 이용하는 SPA를 만들기로 결정했더라도 점진적 향상과 같은 웹 원칙을 무시해서는 안 된다.

SPA는 앱 구동이 완료된 후의 페이지 출력 속도는 높겠지만, 구동에 필요한 모든 코드는 페이지를 처음 로드할 때 다운로드해야 한다. 앱 구조가 복잡하다면 SPA가 사이트를 느리게 만들 수 있다. 보기에는 금세 로드되어야 할 것 같은 페이지인데 이상하게 로

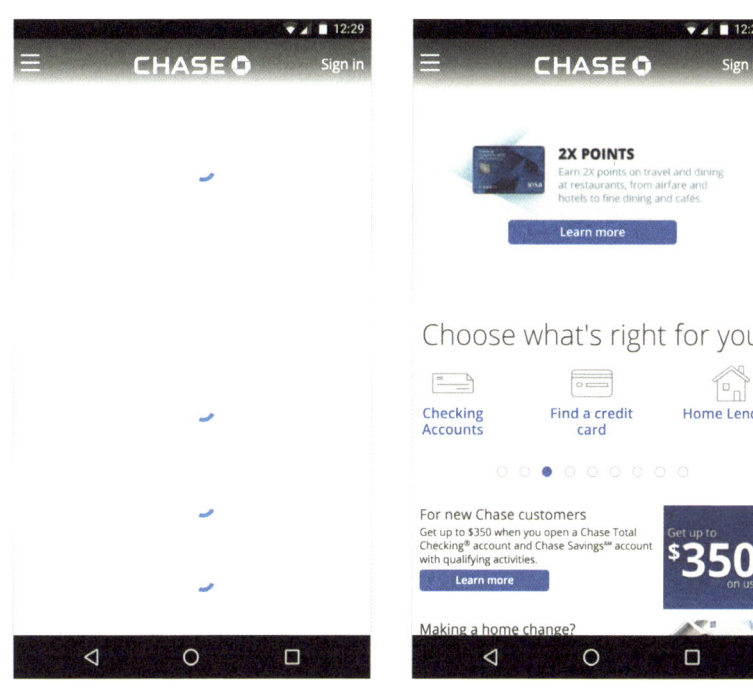

그림 3.18 체이스 은행Chase Bank 웹사이트에서는 서버 측 렌더링이 없는 것이 확실해 보인다. 앱 셸이 로드되고 자바스크립트 앱이 콘텐츠를 다운로드하는 동안 여러 개의 로딩 표시가 나타난다(왼쪽). 다운로드가 끝나야 콘텐츠를 볼 수 있다(오른쪽).

딩 시간이 오래 걸리는 사이트를 본 적 있을 것이다(그림 3.18). 그런 사이트는 불필요하게 SPA로 만든 탓에 자바스크립트 앱이 시작될 때까지 사용자를 기다리게 하는 경우이다.

    이런 불필요한 지연을 방지하려면 서버에서 처음에는 내용까지 포함한 완전한 HTML 문서를 전달하도록 하고, 그다음 요청부터 자바스크립트 앱으로 콘텐츠를 가져오도록 해야 한다.

    추천할 만한 방법은 서버 측 렌더링을 지원하는 자바스크립트 프레임워크를 이용하는 것이다. 그러면 브라우저에서 페이지를 그릴 때 사용하는 자바스크립트 코드를 서버에서도 실행할 수 있고,

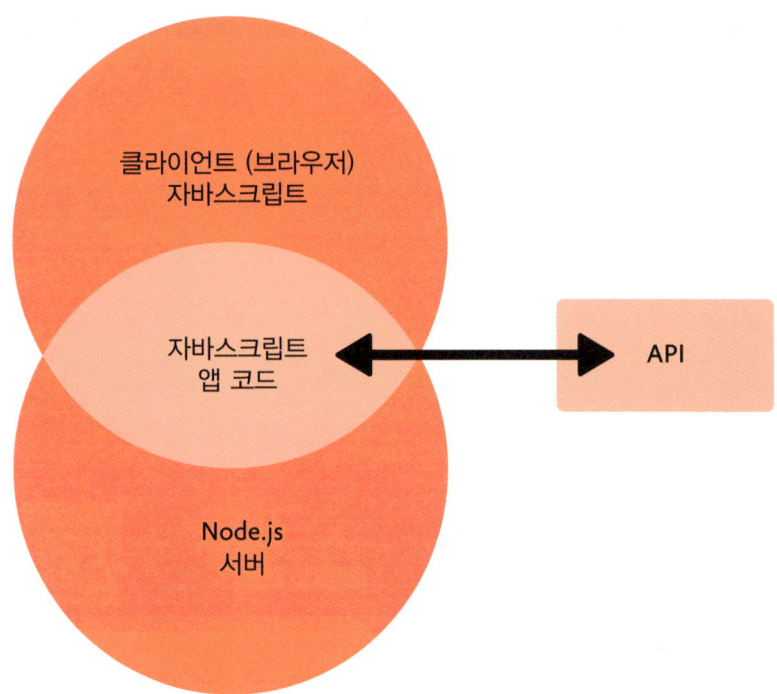

그림 3.19 자바스크립트를 해석할 수 있는 웹 서버(이 목적으로 가장 널리 사용되는 Node.js가 한 예)를 이용하면 브라우저와 서버에서 동일한 자바스크립트 앱 코드를 사용할 수 있다.

사용자가 볼 첫 페이지의 HTML 문서도 서버에서 생성할 수 있다(그림 3.19). 이렇게 서버와 브라우저에서 동일한 자바스크립트 코드를 활용하는 방법을 동형 자바스크립트$^{\text{isomorphic JavaScript}}$라고 한다.

동형 자바스크립트를 이용하면 꽤 시간을 절약할 수 있다. 상품 페이지 템플릿에서 특정 API에 접속해 상품 정보를 가져와야 하는 경우를 예로 들어보자. 전통적인 웹 구조에서는 서버에서 이런 API에 접속하는 코드를 루비나 파이썬 같은 언어로 작성한다. 하지만 브라우저에서도 동일한 페이지에서 동일한 API에 접속해야 할 수 있다. 이 경우 API에 접속하는 코드를 자바스크립트로 새로 작성해야 한다. 하지만 자바스크립트를 해석할 수 있는 웹 서버(Node.js 등)를 이용하는 경우에는 API 접속 코드를 한 번만 작성해도 서버와 클라이언트 양쪽에서 사용할 수 있다.

서버 측 렌더링을 적용한 SPA를 제작한다면, 자바스크립트를 너무 많이 사용해 의도치 않게 사용자 경험을 저해하는 일이 없도록 주의해야 한다. 자바스크립트는 브라우저의 메인 스레드에서 실행되기 때문에 자바스크립트를 다운로드하고 처리하는 동안 입출력 반응이 지연될 수 있다. 앨릭스 러셀의 글을 인용하면 "어떤 페이지에서든 네트워크 대역폭과 기기 성능 양쪽 모두에서 자바스크립트가 사용하는 자원이 가장 많다(http://bkaprt.com/pwa/03-22/)". SPA가 첫 페이지를 그리는 데 필요한 내용을 다운로드하는 동안 자바스크립트가 계속 실행되고 있어서 페이지의 반응성이 나쁜 경우가 너무 많다. 사용자가 페이지를 볼 수는 있지만 아무런 조작도 하지 못한다. 특히 CPU 성능이 좋지 못한 모바일 기기에서 이런 현상이 잦다.

프로그레시브 웹 앱의 성능 면에서 더 나은 방법으로는 구글이 PRPL 패턴이라고 부르는 것이 있다(http://bkaprt.com/pwa/03-23/).

- Push 첫 URL 페이지에 꼭 필요한 자원을 전송push한다.
- Render 첫 URL 페이지를 그린다render.
- Pre-cache 나머지 URL의 페이지를 사전에 캐시pre-cache한다.
- Lazy-load 필요한 시점에 나머지 URL의 페이지를 지연 로드lazy-load하고 생성한다.

이 패턴은 페이지의 입출력 반응성을 최대한 빠르게 하는 데 방점이 찍혀 있다. PRPL 패턴을 따르면 서비스 워커가 설치될 때까지 자바스크립트의 로드를 미룰 수 있다. 이렇게 하면 사용자가 첫 방문부터 상호작용이 가능한 화면을 이용할 수 있고, 그 후의 방문 때는 더욱 매끄러운 경험을 할 수 있다. 어마어마한 규모의 자바스크립트를 다운로드하고 실행하는 데 따르는 고통을 겪지 않아도 된다.

프로그레시브 웹 앱이 필요한 API가 다 구현되어 있고, 서버가 동형 자바스크립트를 지원하며, 여러분의 팀이 PRPL 패턴을 이용해 고성능 SPA를 만드는 데 도가 텄다면 가장 이상적인 상황일 것이다.

하지만 내가 경험한 바로는 그렇게 일이 순조롭게 진행되는 회사는 거의 없다. 앱 셸 모델을 적용하기 위해 기존 웹사이트의 기반 자체를 예측하지도 못한 수준으로 근본적으로 변경해야 하는 경우가 대부분이다. 그래서 앱 셸 모델을 택할 것인가? 쉽게 결정할 수 있는 일은 아니지만 앱 셸 모델을 적용하는 과정에서 얻을 수 있는 장점도 많다. 특히 동형 자바스크립트와 서버 측 렌더링을 통해 코드를 재사용하는 방향으로 나아가게 된다는 점에서 그렇다.

셸은 필수가 아니다

다행스럽게도 프로그레시브 웹 앱에 앱 셸이 꼭 필요하지는 않다. 프로그레시브 웹 앱을 만들 때 반드시 앱 셸을 써야 한다는 잘못된 인식이 많다. 그러나 앞서 말했듯이 웹사이트를 프로그레시브 웹 앱으로 탈바꿈시키기 위해 추가로 필요한 것은 HTTPS, 서비스 워커, 매니페스트 파일뿐이다.

우리 회사 클라우드포의 웹사이트(https://cloudfour.com/)는 워드프레스로 만들어졌다. 우리는 프로그레시브 웹 앱 전환 작업보다 웹사이트 성능부터 최적화했다. 그리고 서비스 워커를 추가했는데 이것만으로도 웹사이트가 충분히 빨라졌다. 그래서 앱 셸 모델을 적용하는 작업까지는 필요하지 않다고 결론 내렸다.

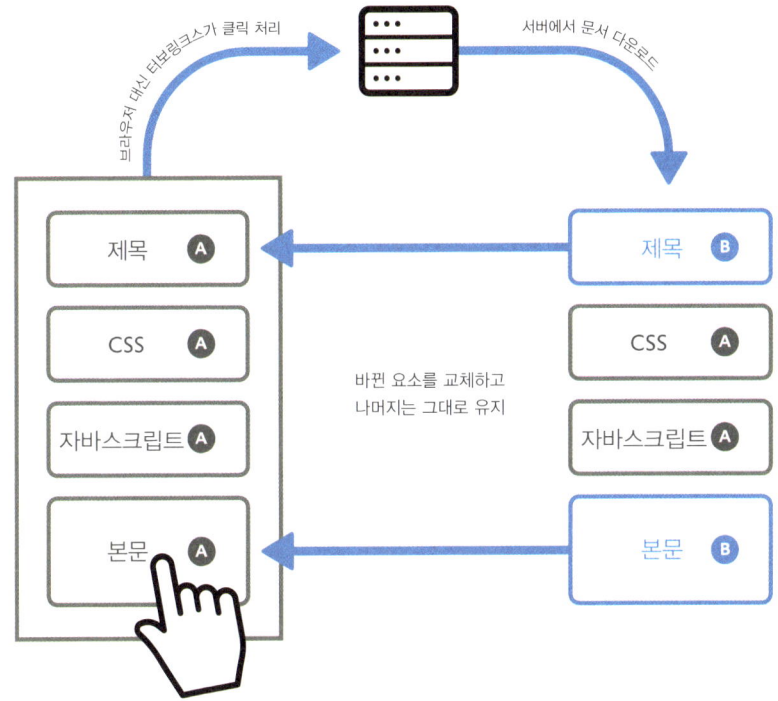

그림 3.20 터보링크스는 전통적인 웹 페이지를 앱 셸을 적용한 SPA처럼 보이게 해준다. 새로운 페이지 요청이 일어나면 중간에서 HTML 문서를 다운로드해 기존 문서에서 필요한 부분만 새것으로 교체하는 방식으로 작동한다.

앱 셸을 정말로 사용해야 한다는 판단이 들지만 기술적 제약 때문에 당장 적용할 수는 없다? 그러면 웹사이트를 뜯어고치지 않고도 SPA를 만들 수 있게 해주는 터보링크스^{Turbolinks} 같은 라이브러리를 사용해보는 것도 좋을 것이다(http://bkaprt.com/pwa/03-24/). 이 라이브러리는 페이지를 바꿔야 할 때 전체 HTML 페이지를 다운로드해 본문 콘텐츠만 교체하는 방식이다(그림 3.20).

SPA를 만들지 않고 로딩 경험을 개선하는 방법이 하나 더 있다. 새로운 스트림 API$^{Streams\ API}$를 이용하는 것이다. 스트림 API를 이용하면 HTML 문서와 다른 파일들을 개별적으로 스트리밍할 수 있어서 브라우저가 페이지를 더 빨리 구성하도록 할 수 있다. 더 자세히 알고 싶다면, 폴 킨런Paul Kinlan이 앱 셸 대신 스트림 API를 이용해 피드 구독 앱을 만든 경험을 공유했으니 한 번 읽어보기 바란다 (http://bkaprt.com/pwa/03-25/).

이것만큼은 확실히 해야겠다. 앱 셸이 부담스러워 프로그레시브 웹 앱으로 웹사이트를 전환하는 것을 포기하지 말자. 앱 셸을 쓰든 안 쓰든 여러분의 노력은 곧 사용자가 누리는 혜택이 될 것이다.

깔끔한 마감과 개성

사람들에게 웹보다 앱을 더 좋아하는 이유를 물어보면 "그냥 느낌이 더 좋아요" 같은 애매모호한 대답을 듣기 쉽다. 애플은 앱에 대해 사용자를 "기쁘게 하는" 같은 표현을 쓰곤 한다. 이 말의 뜻은 앱의 사용자 인터페이스가 깔끔하게 다듬어져 있고 개성이 부여되어 있다는 것이다. 프로그레시브 웹 앱도 그렇지 못할 이유가 없다.

깔끔한 UI는 네이티브 앱의 전매특허가 아니다. 물론 깔끔한 인터페이스를 만드는 데는 텅 빈 HTML 문서에서 시작하기보다 애플, 구글, 마이크로소프트가 제공하는 네이티브 UI 부품을 이용하는 것이 더 쉽다. 하지만 그런 것을 가져다 쓰는데도 느리고 흉측한 네이티브 앱도 많다. 훌륭한 앱을 만드는 것은 디자인 세부 요소에 얼마나 관심이 많은가에 달려 있다. 특히 상호작용 반응과 애니메이션의 디테일이 중요하다.

상호작용 반응

애플의 '사용자 인터페이스 권장사항Human Interface Guideline'에서는 모든

그림 3.21 머티리얼 디자인에서는 사용자가 버튼을 눌렀을 때 앱이 이 행위를 인식했음을 사용자가 알 수 있도록 시각적 반응(확산 효과)을 제공한다.

사용자 행동에 대해 사용자가 느낄 수 있는 반응을 하도록 권장하고 있다(http://bkaprt.com/pwa/03-26/). 하이라이트·소리·애니메이션 등 상호작용 반응이 즉각적으로 이루어지면, 사용자가 자신이 어디에 있고 무엇을 하고 있으며 앱과 어떻게 상호작용해야 하는지를 더 쉽게 파악할 수 있다.

구글의 머티리얼 디자인에서도 모든 상호작용에 반응 효과를 제공하라고 강조한다. 예를 들어 버튼을 누르면 확산 효과 애니메이션으로 사용자에게 버튼이 눌렸다는 것을 보여준다(그림 3.21). 이런 네이티브 플랫폼의 권장사항에서 아이디어를 얻는 것은 좋지만 거기에만 갇힐 필요는 없다. CSS와 SVG 애니메이션을 응용하면 여러분이 만들고자 하는 거의 모든 애니메이션 효과를 구현할 수 있다.

소리와 진동을 활용하는 데스크톱 사이트와 네이티브 앱도 많다. 페이스북과 링크드인은 웹사이트에서 메시지 수신 알림을 소리로 들려준다. 트위터의 네이티브 앱 역시 과하지 않은 소리로 알림을 주고, 사용자가 글 목록을 갱신할 때 진동도 살짝 주고 있다. 하지만 아쉽게도 트위터의 프로그레시브 웹 앱에서는 이런 섬세한 자극을 제공하지 않고 있다. 프로그레시브 웹 앱에 이런 청각적·촉각적 반응을 추가하는 것은 간단한 일이지만 적용된 사례는 많지 않다.

그림 3.22 스트라이프의 결제 버튼은 일반 버튼 모양에서 '진행 중' 모양으로 바뀌었다가 초록색 체크 표시로 바뀐다.

상호작용 반응을 디자인할 때 무언가가 일어났다는 것만 알려주기보다는 정확히 무엇이 일어났는지를 알려줄 수 있도록 해보자. 스트라이프Stripe의 결제 버튼이 좋은 예다. 버튼을 누르면 '진행 중' 모양으로 바뀌었다가 결제가 완료되면 체크박스로 변한다(그림 3.22).

애니메이션

애니메이션은 웹 앱과 네이티브 앱을 비교할 수 있는 또 다른 차별 요소다. 과거 오랫동안 브라우저에는 애니메이션을 버벅거리지 않고 매끄럽게 그려낼 능력이 없었다. 하지만 이제는 웹 애니메이션도 우리가 기대하는 수준의 깔끔한 인터페이스를 만들 수 있을 만큼 성숙한 경지에 이르렀다. 브라우저 제조사들은 애니메이션 재생 처리를 가급적 그래픽 처리장치Graphical Processor Unit: GPU에서 이루어지도록 해서 애니메이션 때문에 페이지의 다른 요소가 느려지지 않도록 했다. GPU 가속을 이용한 애니메이션은 네이티브 앱에서 만큼은 부드럽고 풍부하게 출력될 수 있다. 우리가 활용만 잘한다면 말이다.

그런데 솔직히 말해 잘 활용하는 웹사이트가 별로 없어 안타깝다. 애니메이션을 잘 사용하면 프로그레시브 웹 앱을 돋보이게 할 수 있다. 애니메이션은 (방금 살펴본 것처럼) 상호작용 반응을 제공하는 훌륭한 도구이며, 사용자가 UI의 동작을 이해할 수 있게 해주고, 작은 화면에서도 복잡한 상호작용을 가능하게 해준다. 무엇보

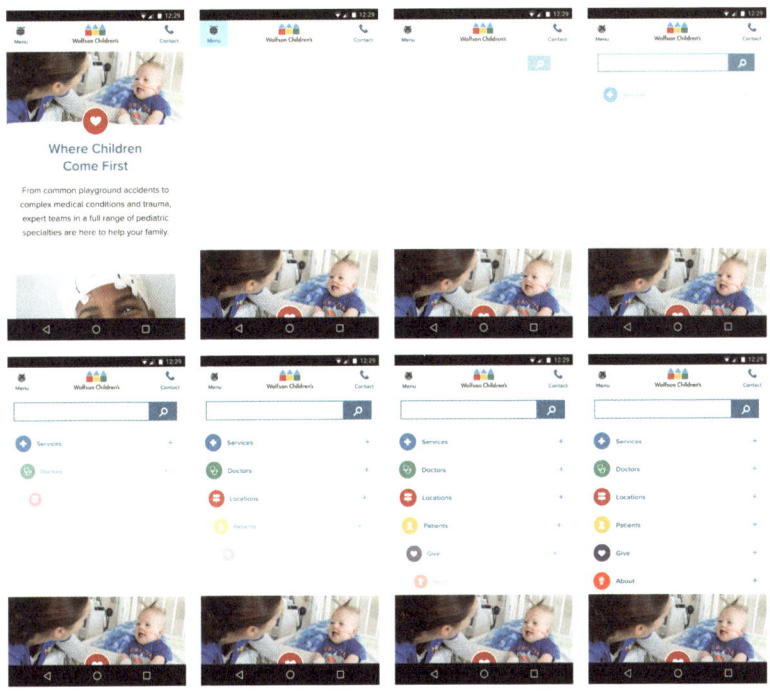

그림 3.23 울프슨 아동병원 웹사이트는 메뉴가 화사하고 발랄하며, 빠른 애니메이션이 적용되어 있다. 이런 섬세한 자극이 웹사이트의 개성을 더 확실하게 만들어준다.

다 애니메이션이 앱의 개성을 살려줄 수 있는 것이다.

서랍 메뉴, 아코디언 인터페이스, 캐러셀carousel 등은 애니메이션에 조금 더 신경 쓰면 차별화가 가능한 영역이다. 최근 클라우드포에서는 울프슨 아동병원의 웹사이트를 새로 디자인했다. 웹사이트에 아이들의 활발한 사진과 감동적인 이야기를 전시했는데, 동업자인 타일러 스티카Tyler Sticka는 웹사이트의 성격을 고려해 발랄한 애니메이션을 메뉴에 적용했다(**그림 3.23**). 메뉴는 아이가 놀듯 통통 튀며 움직였고, 밝은 원색 계열의 병원 브랜드와 조화를 잘 이루었다.

모바일 기기의 작은 화면에서 사용자가 여러 요소(특히 보이지 않

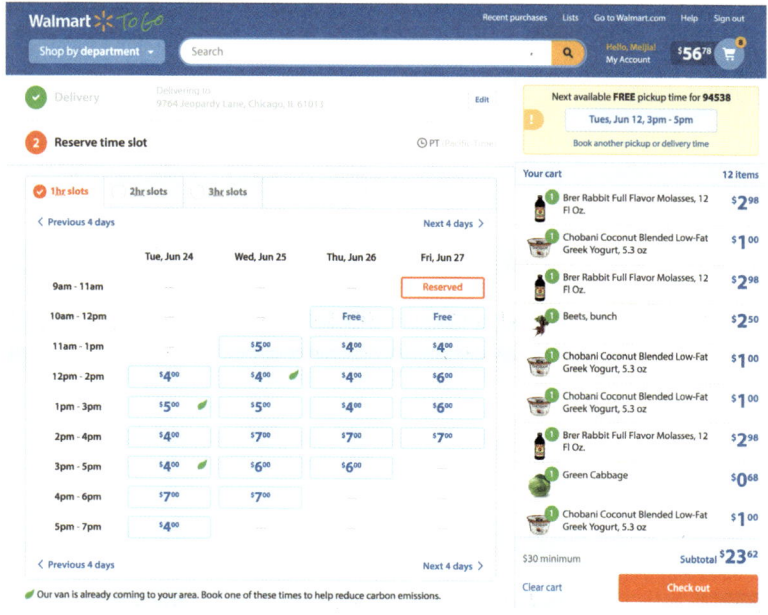

그림 3.24 월마트 식품 코너 장바구니 페이지의 와이드스크린 버전. 여러 날에 걸쳐 다양한 시간대에 배송 시각을 선택할 수 있다.

는 요소와 화면을 벗어난 요소)의 관계를 이해하는 데는 애니메이션이 꼭 필요하다. 클라우드포는 월마트 식품 코너의 인터페이스에 고객이 배송 시각을 입력할 수 있도록 개편하는 작업도 했다. 와이드스크린에서는 여러 날짜를 동시에 표시할 수 있었지만 모바일 기기에서는 공간이 하루치밖에 없었다(그림 3.24).

클라우드포는 전날과 다음날로 빠르게 이동하도록 해주는 버튼과 가로 스크롤을 추가해서 이 문제를 해결하기로 했다. 그런데 UI 프로토타입을 실험해보니 덜컥거리는 느낌이 있었다. 시간표의 항목 수가 요일별로 달랐는데, 날짜를 변경하면 페이지 크기 변경과 이동이 순식간에 일어나 사용자를 혼란스럽게 했다.

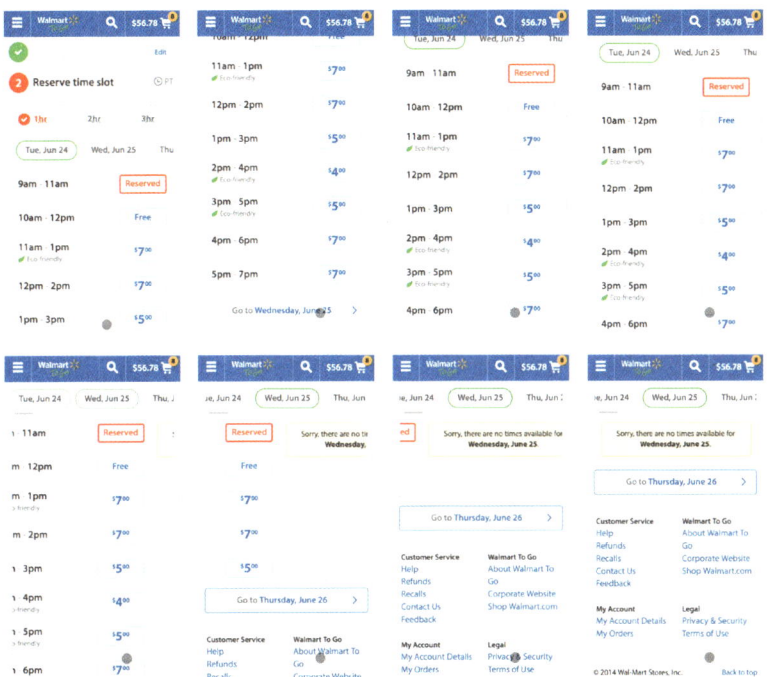

그림 3.25 월마트 식품 코너 배송 시간표는 여러 가지 애니메이션을 이용해 덜컥거리는 느낌을 방지했다.

그림 3.26 더 린 세네프의 애니메이션 로그인 폼. 이처럼 애니메이션을 적절히 사용하면 고유한 감성과 재미를 줄 수 있다(http://bkaprt.com/pwa/03-28/).

3장 앱의 느낌 살리기   81

그래서 사용자가 앱의 동작을 잘 이해할 수 있도록 다음과 같이 애니메이션을 추가했다(그림 3.25).

- 사용자가 다른 날로 이동하는 버튼을 누르면 페이지를 날짜 목록이 보일 때까지 자동으로 스크롤한다. 날짜 목록은 항상 동일한 위치에 있기 때문에 페이지 상단에서는 콘텐츠 양이 서로 달라도 문제가 덜하다. 위치가 고정된 요소가 있으면 사용자가 애니메이션을 더 쉽게 이해할 수 있다.
- 그리고 다음날 시간표를 오른쪽에서 왼쪽으로 슬라이드해 보여준다.
- 다음날 시간표가 들어오는 동안 날짜 목록도 왼쪽으로 슬라이드하고, 초록색 외곽선도 오른쪽으로 옮긴다.
- 시간표의 항목 수가 적을 때는 새 시간표를 슬라이드하는 속도에 맞춰 페이지 크기도 줄인다.

이 애니메이션들은 모두 1초 약간 넘는 시간에 끝난다. 애니메이션 몇 개가 사용되었는지, 적절한 조합을 알아내기까지 몇 번의 시행착오를 겪었는지를 알아볼 사용자는 거의 없다. 하지만 애니메이션이 없을 때는 분명히 인식할 것이다.

애니메이션을 잘 사용하면 사용자를 재미있고 기쁘게 할 수 있다. 하지만 특정한 UX 문제를 해결하기 위해 의식적으로 사용하지 않으면 도가 지나칠 수도 있다. 화면의 모든 요소에 애니메이션이 적용되어야 한다는 듯이 애니메이션을 과시하려 드는 웹사이트가 너무 많다. 애니메이션 남용은 사용자를 방해하고 짜증을 유발할 수 있으며 디자인의 목적과도 맞지 않는다.

하지만 애니메이션으로 개성을 추구하면서도 사용자 경험을 저해하지 않는 것은 가능하다. 더린 세네프 Darin Senneff가 만든 로그인

데모가 좋은 예인데, 귀여운 동물이 사용자의 입력에 반응하는 행동을 한다(그림 3.26). 사용자가 이메일 주소를 입력하는 동안 동물이 미소를 지으며 사용자를 격려한다. 사용자가 패스워드를 입력할 때는 동물이 눈을 가리는데, '패스워드 보기'를 체크해둔 상태면 손가락을 벌려 살짝 엿본다. 이런 것이 바로 프로그레시브 웹 앱을 돋보이게 만드는 한 수라 하겠다.

페이지 전환 효과와 자바스크립트 코드를 작성할 때 조심하지 않으면 애니메이션이 성능 저하를 일으킬 수 있다. 대부분의 모바일 기기에서 브라우저의 애니메이션 지원이 훨씬 좋아졌지만 성능이 뒤떨어지는 기기에서도 애니메이션이 부드럽게 유지되는지 테스트해야 한다. GPU 가속을 지원하는 애니메이션 속성을 사용하고(http://bkaprt.com/pwa/03-29/), 레이어 수를 줄이자(http://bkaprt.com/pwa/03-30/).

애니메이션은 언제나 부가 요소로 취급해야 한다. 필수 구성 요소로 삼아서는 안 된다. 모든 기기가 애니메이션을 지원하는 것은 아니다. 특히 활동 보조장치가 그렇다. 운동지각장애나 전정기관장애(어지럼증)를 겪는 사람은 애니메이션을 선호하지 않을 수 있다. 애니메이션을 볼 수 없거나 보고 싶지 않은 사용자들을 포함한 모든 사람이 사용할 수 있도록 디자인하라. 애니메이션 사용에 책임이 따르는 이유와 책임감 있는 사용 방법에 대해 더 자세히 알고 싶다면 레이철 네이버스[Rachel Nabors]의 《Animation at Work》를 참고하기 바란다.

탁월한 사용자 경험 구축하기

여러분이 프로그레시브 웹 앱을 더 '앱처럼 느껴지게' 밀어붙일수록 그만큼 할 일이 많아질 것이다. 그런 투자를 하지 말라는 말은 아니다. 앱 셸 모델(특히 서버 측 렌더링 자바스크립트와 결합했을 때) 같은 기법을 도입하면 프로그레시브 웹 앱의 사용 경험을 크게 개선할 수 있으며, 코드를 재사용하는 장점도 추가로 챙길 수 있다. 단지 전체화면 모드처럼 간단해 보이는 것 뒤에도 어려운 문제가 숨어 있을 수 있다는 점만 주의하면 좋겠다.

여러분의 웹사이트에 프로그레시브 웹 앱에서 '앱처럼 보이는' 부분은 필요 없을 수도 있다. 이 경우에도 웹사이트의 속도를 끌어올리고 사용자 경험을 개선하기 위해 프로그레시브 웹 앱을 도입할 수 있다. 이런 접근법은 전혀 잘못되지 않았다.

웹사이트와 앱 사이의 무언가를 만들고자 할 때는 목표를 명확히 정하는 것이 중요하다. 앱이 추구하는 것(더 빠른 속도, 보다 높은 몰입감, 좀더 뚜렷한 개성)이 무엇인지 알아야 어떤 방법이 가장 적합한지 평가할 수 있다.

마지막으로 웹사이트가 앱처럼 느껴지느냐 아니냐는 사용자에게 웹사이트가 훌륭한 경험을 제공하느냐 못하느냐에 비하면 훨씬 부차적인 문제다. 사용자에게 유용한 앱을 만들면 사용자는 앱을 설치해서 사용할 것이고, 여러분이 그것을 무엇으로 부르든 신경 쓰지 않을 것이다. 하지만 사용자가 앱을 설치하려면 그전에 앱을 찾을 수 있어야 한다. 따라서 다음 장에서는 앱이 검색되도록 하는 방법에 대해 알아보겠다.

4
앱 설치와 앱 스토어 검색

홈 화면 아이콘은 양날의 검으로 프로그레시브 웹 앱 최고의 기능이면서 동시에 최악의 기능이기도 하다.

아이콘이 좋은 점은 주목을 끈다는 것이다. 프로그레시브 웹 앱 이름에 '앱'이 들어가는 것처럼, 홈 화면에 아이콘을 설치하는 기능이 없었다면 프로그레시브 웹 앱이 지금처럼 주목받지는 못했으리라 생각한다.

나쁜 점은 사람들이 아이콘만 중요하게 생각해서 사용자가 프로그레시브 웹 앱을 '설치하도록' 하는 데 집착한다는 것이다. 웹사이트 방문자에게 훌륭한 경험을 제공함으로써 아이콘이 홈 화면에 설치될 수 있는 것인데, 아이콘을 홈 화면에 놓는 것 자체가 주목적이 되어버리는 것이다.

애초에 프로그레시브 웹 앱을 '설치한다'는 것은 무슨 의미일까.

기존 앱 설치 개념은 프로그레시브 웹 앱에는 정확하게 적용되지 않는다. 프로그레시브 웹 앱은 사용자가 다운로드하고 설치하지 않아도 사용할 수 있다. 사용자가 웹사이트에 처음 방문했을 때 서비스 워커가 조용히 설치될 뿐이다. 덕분에 프로그레시브 웹 앱으로 무엇이든 할 수 있는 것이다. 오프라인 기능을 추가하고 싶다면 하면 된다. 푸시 알림을 보내고 싶다면 권한을 요청하면 된다.

브라우저를 통해서만 접속할 수 있는 완전한 프로그레시브 웹 앱을 만들어도 된다. 사용자는 홈 화면에 아이콘을 설치할 수는 없겠지만, 여전히 프로그레시브 웹 앱의 혜택을 모두 누릴 수 있다. 사실 프로그레시브 웹 앱을 사용하는 사람들의 대다수는 홈 화면에 아이콘을 추가하지 않으며 그냥 웹사이트에 직접 방문해서 자신에게 가장 유용한 기능만을 활용한다.

하지만 여전히 홈 화면에 아이콘을 배치하는 것이 궁극의 목적처럼 인식되고 있다. 네이티브 앱을 설치하는 것이 사용자의 재방문이나 지속적인 사용을 뜻하지 않는다는 사실(2장 참조)에도 불구하고 말이다.

아이콘만 바라보는 협소한 시야로는 프로그레시브 웹 앱이 어디에서 성공을 거두었는지 확인하기 어렵다. 아이콘을 홈 화면에 배치하는 사용자가 한 명도 없다 하더라도 프로그레시브 웹 앱은 투자할 가치가 있다. 빠른 속도, 오프라인 기능, 푸시 알림 등은 누구에게나 이익이 된다.

물론 우리는 사용자들이 우리 프로그레시브 웹 앱을 좋게 평가해 홈 화면에 설치해주기를 바란다. 그러므로 사용자가 아이콘을 홈 화면에 설치하는 여러 가지 수단을 지원할 수 있도록 브라우저에 필요한 정보를 제공해야 한다. 그것은 주로 매니페스트 파일을 통해 이루어진다.

웹 앱 매니페스트

애플은 아이폰을 발표하면서 비표준 메타 태그를 몇 가지 추가했다. 이 메타 태그들은 웹 앱을 어떻게 출력해야 하는지, 어떤 아이콘을 표시해야 하는지, 아이콘을 홈 화면에 추가하면 어떻게 작동해야 하는지 등의 정보를 담는다. 이 메타 태그들은 애플 기기 전용이었기 때문에 결국 구글과 마이크로소프트도 각자의 메타 태그를 추가하게 되었다. 웹 개발자가 이 세 개의 플랫폼을 모두 지원하려면 HTML 문서에 20개가 넘는 메타 태그를 넣어야 한다(http://bkaprt.com/pwa/04-01/).

이 문제를 매니페스트 파일로 해결할 수 있다. 매니페스트 파일은 작고 간단한 JSON 문서로 앱, 아이콘, 배경색, 그 밖의 세부사항 등에 대한 설명을 담는다. 모든 브라우저가 매니페스트 파일을 지원하게 되면 지난 10년간 넣어두었던 메타 태그들을 걷어낼 수 있을 것이다.

다음은 클라우드포 웹사이트의 매니페스트 파일이다(http://bkaprt.com/pwa/04-02/).

```
{
  "name": "클라우드포",
  "short_name": "클라우드포",
  "description": "반응형 웹사이트와 프로그레시브 웹 앱을 디자인하고 개발한다.",
  "dir": "ltr",
  "lang": "en",
  "icons": [
    {
      "src": "/android-chrome-192×192.png",
      "sizes": "192×192",
```

```
      "type": "image/png"
    },
    {
      "src": "/android-chrome-512×512.png",
      "sizes": "512×512",
      "type": "image/png"
    }
  ],
  "display": "standalone",
  "background_color": "#456BD9",
  "theme_color": "#456BD9",
  "orientation": "natural",
  "start_url": "/",
  "categories": ["business", "technology", "web"]
}
```

웹 앱 매니페스트^{Web App Manifest} 명세(http://bkaprt.com/pwa/04-03/)에서는 매니페스트 파일의 각 항목을 '멤버'라고 부른다. 명세에는 다양한 멤버가 기술되어 있지만 프로그레시브 웹 앱에 꼭 필요한 것만 살펴보자.

우리 매니페스트 파일의 첫 부분에는 프로그레시브 웹 앱의 기본사항이 적혀 있다.

```
"name": "클라우드포",
"short_name": "클라우드포",
"description": "반응형 웹사이트와 프로그레시브 웹 앱을 디자인하고 개발한다.",
```

name은 앱 스토어나 브라우저의 시작 화면 또는 프롬프트 창 등에 표시될 수 있다. short_name은 주로 홈 화면에서 아이콘과 함께 사용된다. description은 앱에 대한 부가 설명을 제공한다.

그다음으로 언어와 글 쓰는 방향을 설정한다.

```
"dir": "ltr",
"lang": "en",
```

이 경우에는 dir 멤버의 값을 ltr로 설정해 글 쓰는 방향을 좌에서 우^{left-to-right}로 설정했다. 그리고 "lang": "en"으로 언어를 영어로 설정한다.[1]

icons 멤버에는 브라우저가 선택할 수 있는 아이콘들의 배열을 제공한다. sizes와 이미지 파일 type도 함께 넣는다.

```
"icons": [
  {
    "src": "/android-chrome-192x192.png",
    "sizes": "192x192",
    "type": "image/png"
  },
  {
    "src": "/android-chrome-512x512.png",
    "sizes": "512x512",
    "type": "image/png"
  }
],
```

프로그레시브 웹 앱의 인기가 높아지고 앱이 사용되는 환경도 다양해지면 제공하는 아이콘의 크기도 여러 가지로 늘려야 할 것이다. 최신 매니페스트 정보에서 권장 아이콘 크기를 확인하자.

이제 화면 모드, 색, 방향 등 프로그레시브 웹 앱이 어떻게 보여야 하는지 설정한다.

1 한국어는 "lang": "ko"로

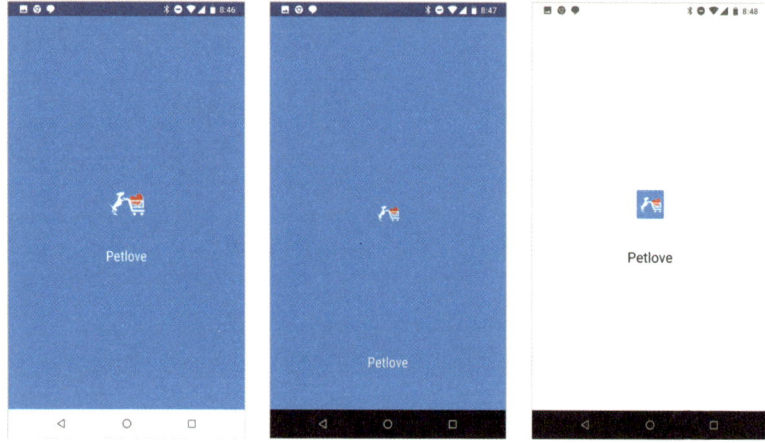

그림 4.1 브라우저마다 시작 화면을 다르게 표시한다. 예를 들어 크롬(왼쪽)에서는 아이콘이 꽤 크지만 오페라(가운데)에서는 아이콘이 매우 작다. 삼성 브라우저(오른쪽)는 background_color 설정을 무시하며, 파이어폭스는 시작 화면을 아예 표시하지 않는다. 요점은 각 브라우저마다 시작 화면을 테스트해봐야 한다는 것이다.

그림 4.2 리프트Lyft는 theme_color를 이용해 브라우저의 사용자 인터페이스(왼쪽)를 브랜드 색상에 맞추었다(오른쪽).

```
"display": "standalone",
"background_color": "#456BD9",
"theme_color": "#456BD9",
"orientation": "natural",
```

display 멤버는 3장에서 이야기한 화면 모드를 설정하는 부분이다. orientation 멤버를 이용해 화면 방향을 설정할 수도 있다. 게임과 같이 특정한 방향의 화면이 필요한 앱에서 유용할 것이다. 하지만 대다수 프로그레시브 웹 앱은 반응형 디자인이므로 orientation을 생략하거나 우리처럼 natural로 설정해도 된다.

background_color는 브라우저가 앱을 시작하는 동안 사용자에게 보여줄 색상을 정한다. 앱 시작 화면을 표시하는 방법은 브라우저마다 다르지만 배경색 위에 앱의 아이콘과 이름(또는 짧은 이름)을 표시하는 방식이 일반적이다(그림 4.1).

theme_color는 몇몇 브라우저에서 상태 막대나 주소 막대 등의 브라우저 사용자 인터페이스에 색을 입히는 데 사용한다(그림 4.2).

이런 색상과 시작 화면을 브라우저마다 다르게 적용하기 때문에 다양한 기기에서 앱을 테스트해보고 마음에 드는 설정을 찾는 것이 중요하다.

매니페스트 파일의 그다음 행을 살펴보자.

```
"start_url": "/",
```

start_url은 프로그레시브 웹 앱을 실행했을 때 어떤 페이지를 띄워야 하는지 가리킨다. 예시에서는 웹사이트 루트(/) 경로에 있는 홈페이지를 시작 페이지로 설정했다. 다른 사이트에서는 프로그레시브 웹 앱을 하위 디렉터리에서 실행해야 할 수도 있다.

시작 URL에 URL 매개변수를 입력하는 것도 가능하다.

```
"start_url": "/?utm_source=homescreen",
```

start_url을 이와 같이 설정하면 홈 화면 아이콘을 이용해 접속한 사용자들을 구글 애널리틱스로 추적할 수 있다.

웹 앱 매니페스트 명세에는 최근에 categories 멤버가 추가되었다.

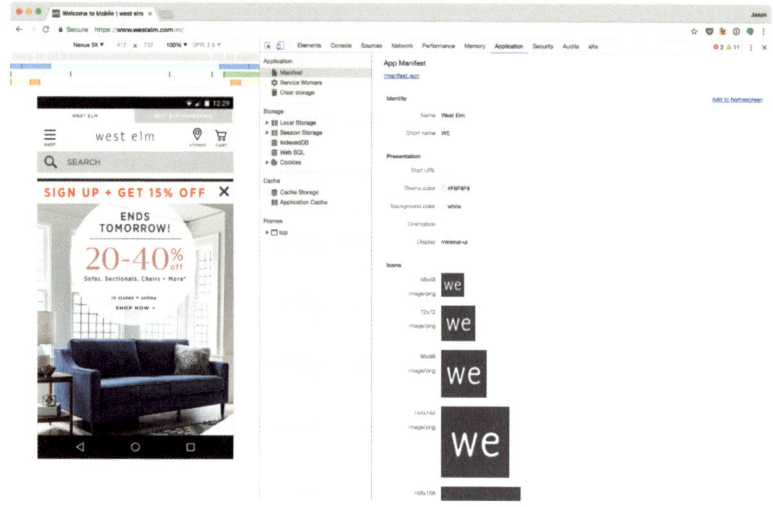

그림 4.3 크롬 개발자 도구의 앱 탭에서 사이트의 매니페스트 파일 내용을 확인할 수 있다.

```
"categories": ["business", "technology", "web"]
```

이 설정은 앱 스토어에서 앱을 분류하는 데 사용된다. categories가 추가된 것에서 알 수 있듯 웹 앱 매니페스트 명세는 계속 업데이트되고 있다. 명세를 직접 살펴보고 여러분의 프로그레시브 웹 앱에 도움이 되는 속성이 추가되지 않았나 확인해보는 것도 좋다(http://bkaprt.com/pwa/04-03/).

매니페스트 설정을 마치기 전에 아직 한 단계가 더 남았다. 웹사이트의 HTML 파일에서 매니페스트 파일을 가리키는 것이다. 문서의 head 요소에 link 요소를 추가하면 된다. 매니페스트 파일 링크는 절대경로로 설정해야 한다. 그렇지 않으면 웹 페이지의 위치에 따라 매니페스트 설정이 깨질 수 있다.

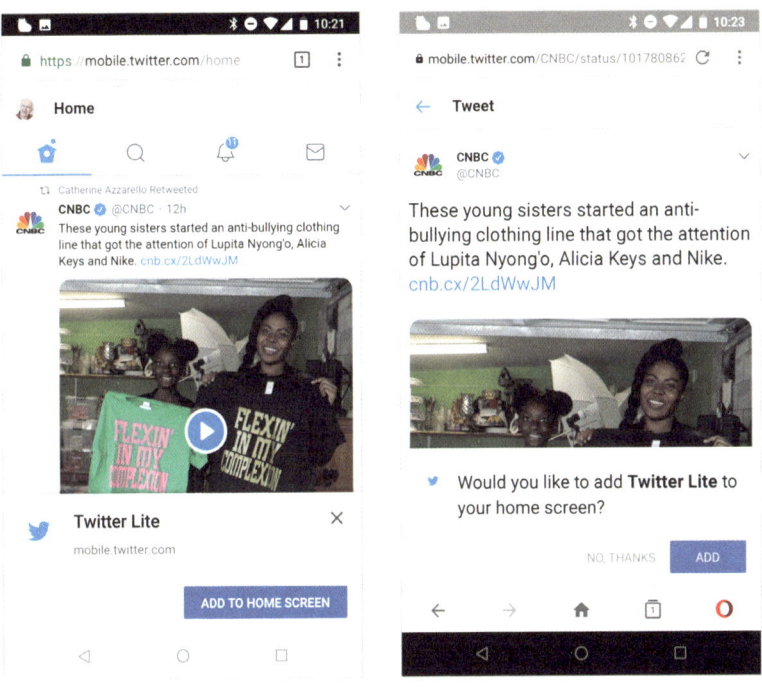

그림 4.4 크롬(왼쪽)과 오페라(오른쪽)는 프로그레시브 웹 앱에 처음 접속했을 때 자동으로 배너를 표시해 사용자에게 홈 화면에 아이콘을 배치할지 물어본다. 이 방식은 계속 변해왔다.

```
<link rel="manifest" href="/manifest.json">
```

이 코드를 보면 브라우저, 검색엔진, 프로그레시브 웹 앱의 매니페스트 설정이 어디에 있는지 관심 있는 사람이라면 누구라도 알 수 있을 것이다.

크롬 개발자 도구의 앱 탭에서 매니페스트 파일을 테스트해볼 수 있다(그림 4.3). 웹 앱 매니페스트 검사기Web App Manifest Validator(http://bkaprt.com/pwa/04-04/)를 사용해도 된다. 또 크롬 개발자 도구의 품질감사Audits 탭에 연동되는 오픈소스 도구인 라이트하우스Lighthouse

그림 4.5 삼성 브라우저(왼쪽)와 파이어폭스(오른쪽)는 주소 막대에 '홈 화면에 추가하기' 배지를 넣어 사용자에게 프로그레시브 웹 앱을 설치할 수 있다고 안내한다.

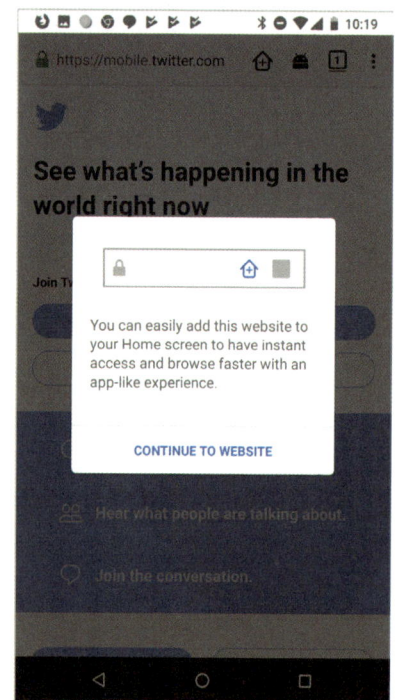

그림 4.6 파이어폭스로 프로그레시브 웹 앱에 처음 접속하면 배지를 사용하는 법을 알려준다. 이 안내는 사용자가 주소 막대에서 이 배지를 인식하는 학습이 될 때까지 계속 출력된다.

를 활용하는 것도 좋다(http://bkaprt.com/pwa/04-05/). 라이트하우스는 앱이 크롬의 설치 기준을 통과하는지도 추가로 검사해준다.

배너 방식과 배지 방식

매니페스트 파일 정보를 이용해 무엇을 할 것인지는 브라우저에 달렸다. 주된 용도 중 하나는 사용자가 프로그레시브 웹 앱에 방문했을 때 이것이 앱이고 홈 화면에 추가할 수 있다는 것을 안내하는 것이다. 브라우저가 사용자에게 안내하는 방법은 근본적으로 배너banner 방식과 배지badge 방식 둘로 나뉜다.

설치 안내 방식

크롬과 오페라는 배너 방식을 사용한다. 배너 방식은 위치 정보 접근 권한이나 푸시 알림 권한을 요청하는 방식과 비슷하다. 배너를 띄워 사용자에게 프로그레시브 웹 앱을 홈 화면에 추가할지를 물어보는 것이다(그림 4.4).

파이어폭스Firefox와 삼성 브라우저는 눈에 덜 띄는 배지 방식으로 사용자에게 현재 보고 있는 웹사이트를 홈 화면에 설치할 수 있다고 알려준다. 배지는 메뉴 막대에 표시된다. 삼성 브라우저의 경우에는 별 모양 즐겨찾기 아이콘이 즐겨찾기 또는 홈 화면 설치 둘 다 가능한 더하기 아이콘으로 바뀐다. 파이어폭스는 집 모양과 더하기 기호를 합친 새로운 아이콘을 메뉴 막대에 넣었다(그림 4.5).

파이어폭스와 삼성 브라우저의 '홈 화면에 추가' 배지는 크롬과 오페라의 배너보다 눈에 잘 띄지도, 직관적이지도 않다. 삼성 브라우저의 경우, 사용자가 주소 막대 속 별 모양 아이콘이 더하기 모양으로 바뀌었다는 것을 눈치채고 궁금해서 눌러봐야만 그 의미를 알 수 있다. 파이어폭스는 프로그레시브 웹 앱에 처음 접속한 사용자가 볼 수 있는 간단한 설명을 추가했다(그림 4.6).

매니페스트 요건

웹 앱 매니페스트 명세에는 앱 설치 API 또는 브라우저에 앱 설치 안내를 지시하는 신호 같은 것이 명시적으로 정의되어 있지 않다. 브라우저 제조사들은 앱 설치 안내를 언제 어떻게 하는 것이 가장 좋은지 다방면으로 조사 중이다. 크롬은 초기에 앱 설치 배너를 자동으로 띄웠지만 이제 앱이 요청할 때만 앱 설치 배너를 노출하고 평소에는 눈에 덜 띄는 배지만 보여주는 방식으로 전환하고 있다. 마이크로소프트는 엣지에 배지를 추가하겠다고 발표했지만 어떤 형태가 될지는 불확실하다.[2]

삼성 브라우저와 파이어폭스는 웹 앱이 HTTPS를 사용하고 유효한 매니페스트 파일을 제공해야만 배지를 출력한다. 삼성 브라우저는 매니페스트 파일에 name, short_name, start_url, 144×144픽셀 이상의 아이콘, stanalone 또는 fullscreen 모드를 명시적으로 요구한다. 또한 서비스 워커도 있어야 한다.

매니페스트 파일 설정을 기준으로 본다면 파이어폭스의 요구사항이 가장 느슨하다. 파이어폭스는 192×192픽셀의 아이콘을 사용하지만 그보다 작은 크기의 아이콘도 허용한다. 그 밖에는 매니페스트 파일이 올바른 형식으로 작성되어 있기만 하다면 다른 멤버 설정을 추가로 요구하지 않는다. 하지만 name과 short_name을 설정하지 않으면 파이어폭스가 URL을 앱 이름으로 사용하니 주의하자. 어쨌든 프로그레시브 웹 앱에 이름과 아이콘이 없다면 좋은 경험이 되지는 않을 것 같다.

크롬과 오페라의 요구사항은 삼성 브라우저와 비슷하다. 작은 차이점 하나는 크롬이 아이콘으로 192×192픽셀의 PNG 형식 파일을 요구하고, 그 아이콘의 MIME 유형을 type 멤버에 명시할 것

---

2 현재 주소창에 ⊕ 모양의 배지를 달았다.

도 요구한다는 점이다. 그리고 크롬은 곧 '홈 화면에 추가' 안내 배너를 띄우는 화면 모드를 `minimal-ui`로 변경할 예정이다.

사용자 참여

모든 브라우저의 '홈 화면에 추가' 안내 요건 가운데 가장 두드러지는 것은 크롬과 오페라가 웹사이트에 일정 수준의 사용자 참여를 요구한다는 것이다. 사용자 참여를 검사함으로써 불필요한 '홈 화면에 추가' 안내가 무분별하게 뜨는 것을 방지하려는 것이다.

원래 크롬과 오페라는 한 사용자가 5분 안에 최소 두 번 이상 사이트에 방문해야 사용자가 웹사이트를 유효하게 이용하는 것으로 간주하고 '홈 화면에 추가' 안내를 표시했다. 이후 구글은 실험을 통해 그보다 더 빨리 '홈 화면에 추가' 안내를 띄우더라도 앱 설치 전환율이 크게 달라지지 않는다는 사실을 확인했다. 실험 결과를 적용해 크롬은 사용자가 웹사이트를 이용한 지 얼마 되지 않은 시점에 프로그레시브 웹 앱 설치 안내를 띄운다.

이 점을 고려하면 앞으로 프로그레시브 웹 앱이 많아질수록 설치 안내 요건이 더 엄격해질 것이라고 예상할 수 있다. 앨릭스 러셀은 블로그에서 다음과 같이 말했다.

> 일반적으로 설치 요건이 엄격해지고 있다. 오늘 권장사항인 조건이 내일은 필수 요건이 될 수도 있다. 그 반대가 될 가능성은 거의 없다. 주요 브라우저 중 최소 하나 이상이 설치 요건을 강화하는 데 강한 의지를 나타냈기 때문이다(http://bkaprt.com/pwa/04-06/).

설치 안내 관리하기

이것이 프로그레시브 웹 앱에 무슨 의미일까?

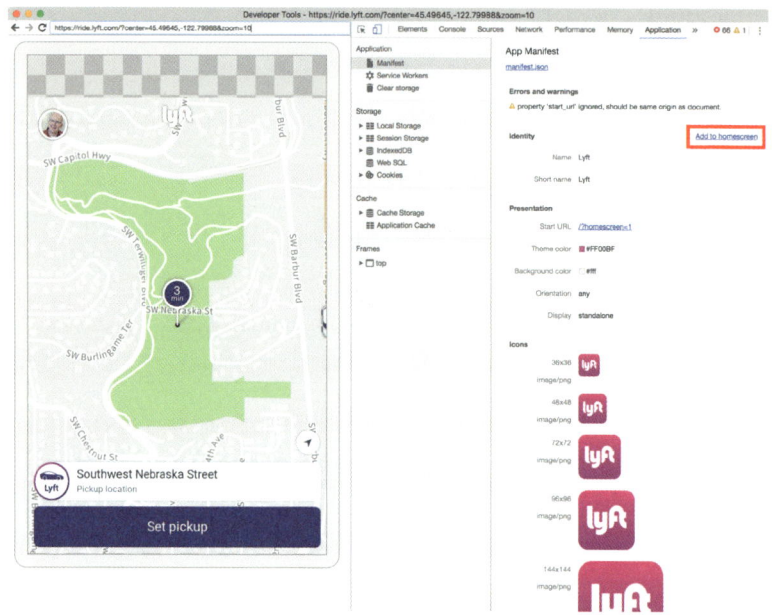

그림 4.7 크롬 개발자 도구의 앱 탭을 이용해 테더링한 기기에 '홈 화면에 추가'를 수동으로 실행할 수 있다.

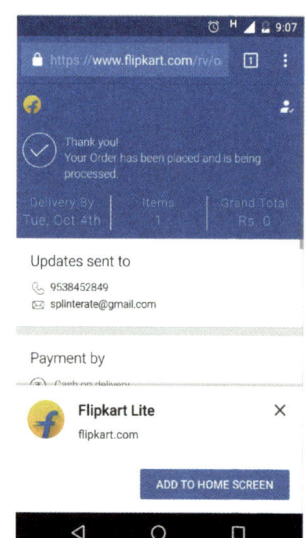

그림 4.8 플립카트는 주문이 완료된 후에 '홈 화면에 추가' 안내를 표시한다.

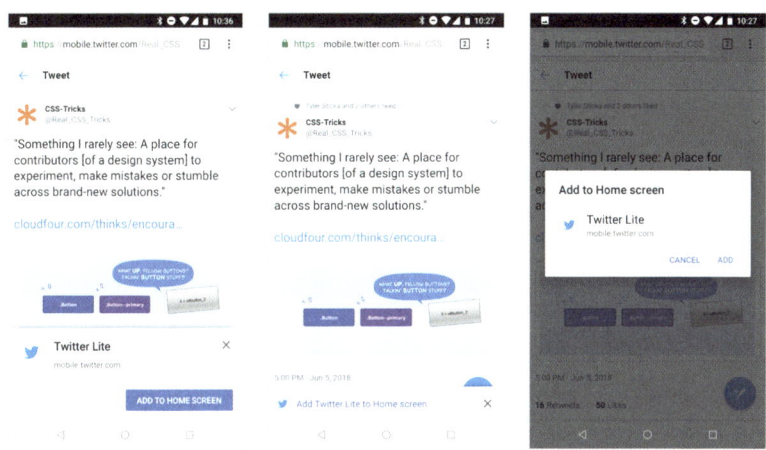

그림 4.9 크롬 버전 67에서는 '홈 화면에 추가' 배너가 자동으로 표시되었다(왼쪽). 크롬 버전 68에서는 사용자 참여가 기준점을 넘었고 개발자가 '홈 스크린에 추가' 요청(가운데)을 해야 모달 대화창이 표시된다(오른쪽).

첫 번째, 앱 설치 안내 배너가 바로 출력되지 않아도 프로그레시브 웹 앱의 버그라고 단정하지 말자. 브라우저에서 사용자 참여 기준을 통과하지 못했을 가능성이 있다. 크롬에서 chrome://flags에, 오페라에서 opera://flags에 접속해 'bypass user engagement checks' 옵션을 'enabled'로 설정해 이 검사를 생략할 수 있다. 이렇게 설정해두면 유효한 매니페스트 파일, 서비스 워커, HTTPS가 있는 한 앱 설치 안내 배너가 즉시 출력될 것이다.

안드로이드 단말기로 컴퓨터에 테더링을 한 상태에서 원격 디버거를 이용해 단말기의 크롬에 '홈 화면에 추가' 안내를 수동으로 출력할 수도 있다. 크롬 개발자 도구의 앱 탭에서 매니페스트 항목을 보면 'add to homescreen' 링크가 있다(그림 4.7).

두 번째, 사용자가 앱을 설치할 가능성이 가장 높은 시점에 '홈 화면에 추가' 안내를 띄우도록 제어하는 것을 고려해봐야 한다.

플립카트는 사용자가 주문을 하나 완료하기 전까지는 프로그레시브 웹 앱의 '홈 화면에 추가' 안내를 표시하지 않는다. 앱 설치 안내는 주문 완료 페이지에서 나오는데, 앱을 설치하면 주문 상태와 배송 확인에 도움이 된다는 것이다. 이 결정적 순간에 설치 안내를 함으로써 사용자의 앱 설치율이 세 배 증가했다(http://bkaprt.com/pwa/04-07/)(그림 4.8).

플립카트와 같이 설치 안내 시점을 지정하는 것은 이 책을 쓰는 당시에는 권장사항이지만 필수는 아니다. 하지만 크롬의 추후 버전에서 이것이 필수사항으로 변경될 예정이다.

크롬은 버전 68부터 '홈 화면에 추가' 안내를 자동으로 표시하지 않게 됐다(그림 4.9). 안내 배너도 크기가 작은 안내 막대로 바뀐다. 더 나중에는 안내 막대도 없어지고 주소 막대에 아이콘을 추가하는 형태(파이어폭스와 삼성 브라우저의 눈에 안 띄는 배지와 비슷한 형태)로 바뀔 것이다(http://bkaprt.com/pwa/04-08/).

배지는 사용자가 못 보고 넘어가기 쉬우므로 사용자들에게 앱 설치가 가능하다는 것을 알리려면 (그리고 배지에만 의존하고 싶지 않다면) 앱 설치를 안내하는 가장 좋은 시점을 찾아내는 것이 필요하다.

브라우저는 웹사이트가 '홈 화면에 추가' 요건을 모두 만족한 시점에 beforeinstallprompt 이벤트를 발생시킨다. 자바스크립트를 이용해 이 이벤트를 감시하고 있으면 브라우저가 부적절한 시점에 안내를 표시하는 것을 막을 수 있다. 그 후 beforeinstallprompt 이벤트에서 가로채 저장해 두었던 안내 메시지를 prompt() 함수를 호출해 원하는 시점에 표시할 수 있다.

사용자가 앱 설치를 원하는 시점에 안내할 수 있도록 브라우저와 웹사이트 운영자 모두 심사숙고해야 한다. 사용자가 '예'라고 답할 상황에서 앱 설치를 물어본다면 앱이 훨씬 많이 설치될 것이다.

6장에서 푸시 알림에 관해 설명할 때 더 자세히 알아볼 텐데 성공 가능성이 낮은 상황에서 허락을 구하는 행위에는 위험성이 따른다.

앱 스토어

네이티브 앱은 설치 경로가 앱 스토어밖에 없다. 프로그레시브 웹 앱의 가장 큰 장점 중 하나는 앱 스토어가 전혀 필수가 아니라는 점이다. 네이티브 앱과 달리 프로그레시브 웹 앱은 외부 감독관에게 허락을 구할 필요가 없다.

하지만 프로그레시브 웹 앱을 앱 스토어에 올려두면 여러모로 유리한 점이 있다. 앱 스토어는 사용자가 여러분의 프로그레시브 웹 앱을 발견할 수 있는 또 하나의 창구가 됨으로써 앱의 발견 가능성을 높여준다. 또한 앱 스토어 등록 준비 작업량이 늘어나기는 하지만 괜찮은 API를 사용할 수 있는 계기가 되기도 한다. 모든 앱 스토어가 프로그레시브 웹 앱을 있는 그대로 등록해주지는 않으니 등록에 필요한 사항을 확인해보자.

마이크로소프트 스토어는 프로그레시브 웹 앱과 네이티브 앱을 동등하게 대우해주는 앱 스토어로 꼽을 수 있다. 다른 회사들도 이렇게 되기를 희망해본다.

마이크로소프트 스토어가 프로그레시브 웹 앱에 제공하는 혜택 가운데 하나는 윈도우 API$^{\text{Windows API}}$를 완전히 사용하게 해준다는 점이다. 프로그레시브 웹 앱이 마이크로소프트 스토어를 통해 설치되었다면 사용자의 달력, 연락처 등의 기능에 접근하는 권한을 요청할 수 있다. 이런 기능은 웹 브라우저에서는 아직 허용되지 않는다.

하지만 윈도우 API는 웹 표준이 아니므로 주의해야 한다. 윈도우에서만, 그리고 프로그레시브 웹 앱이 마이크로소프트 스토어에서 설치되었을 때만 작동할 것이다. 동일한 앱을 브라우저를 통해 설치한 경우에는 윈도우 API를 사용할 수 없다.

이것은 윈도우 API를 이용하지 말아야 한다는 뜻이 아니라 윈도우 API를 이용할 때 윈도우 기기를 사용하지 않는 사용자의 사용 경험을 해치지 않도록 신중하게 고려해야 한다는 뜻이다. 점진적 향상 전략을 적용하기 좋은 사례다. 여러분의 프로그레시브 웹 앱에 모든 기기에서 작동할 수 있는 최소한의 기능을 넣어두고 윈도우 API를 감지하면 추가로 개선된 기능을 제공하는 것이다.

마이크로소프트가 프로그레시브 웹 앱을 앱 스토어에 등록하는 방식에는 두 가지가 있다. 첫 번째, 네이티브 앱을 등록할 때처럼 여러분이 앱 스토어에 프로그레시브 웹 앱을 제출하는 것이다. 이를 위해서는 앱X^{AppX}(마이크로소프트 스토어에서 사용하는 파일 형식) 파일을 생성하고 윈도우 개발자센터 계정도 등록해야 한다. 마이크로소프트가 제공하는 프로그레시브 웹 앱 빌더라는 무료 도구를 이용하면 편리하게 앱X 파일을 만들고 앱을 등록할 수 있다(http://bkaprt.com/pwa/04-09/).

두 번째, 여러분이 아무것도 하지 않아도 마이크로소프트가 여러분의 프로그레시브 웹 앱을 앱 스토어에 등록해줄 수 있다. 빙^{Bing} 검색엔진은 크롤링 중에 프로그레시브 웹 앱을 발견하면 앱을 평가해 일정한 조건을 만족하는 경우 자동으로 마이크로소프트 스토어에 등록한다. 이것은 프로그레시브 웹 앱에서만 볼 수 있는 현상이다. 프로그레시브 웹 앱이 검색엔진이 인식할 수 있는 매니페스트 파일을 담은 평범한 웹사이트이기 때문에 가능한 일이다.

여러분도 모르는 사이에 여러분의 프로그레시브 웹 앱이 마이크로소프트 스토어에 등록되는 것도 가능한 일이다. 만약 그렇게 되었다면 마이크로소프트 스토어에서 앱이 여러분의 것이라고 등록

할 수 있다. 등록해두면 통계 자료를 비롯한 앱 스토어의 다양한 혜택도 누릴 수 있다.

프로그레시브 웹 앱을 운영체제 제조사의 독점 스토어에만 등록해야 한다는 법은 없다. 매니페스트 파일은 쉽게 찾을 수 있다. 여러분의 프로그레시브 웹 앱을 노출시킬 수 있는 다양한 앱 스토어와 저장소가 속속 등장할 가능성이 크다.

네이티브 래퍼

현재 구글과 애플의 앱 스토어는 마이크로소프트 스토어처럼 프로그레시브 웹 앱을 환영하고 있지는 않다. 구글은 프로그레시브 웹 앱을 밀어주고 있지만 안드로이드 앱도 추천한다. 그래서 구글 플레이 스토어에 프로그레시브 웹 앱이 올라오는 것을 원치 않을 수도 있다. 한편 애플은 지금도 앱 스토어에 올라오는 앱을 까다롭게 선정한다. 특히 네이티브 프레임워크를 사용한 앱을 선호하는 것으로 알려져 있다. 애플은 앞으로도 프로그레시브 웹 앱을 스토어에 올려주지 않을 가능성이 크다.

그렇다면 프로그레시브 웹 앱을 구글 플레이 스토어와 iOS 앱 스토어에 등록할 수 있는 날이 올 때까지 손가락만 빨고 있어야 할까? 시도해볼 수 있는 가장 좋은 방법은 프로그레시브 웹 앱을 네이티브 래퍼Native Wrapper로 감싸서 제출하는 것이다.

네이티브 래퍼는 2008년 아이폰 앱 스토어가 공개되고 얼마 후 폰갭이 만들어졌을 때부터 존재해왔다(http://bkaprt.com/pwa/04-10/). 폰갭 및 이와 유사한 프레임워크들은 앱의 주 기능이 웹뷰 위에서 이루어질 것이라고 보고 네이티브 앱의 내장 웹뷰에서 사용할 수 있는 템플릿을 제공한다. 웹 앱을 래퍼로 감싸 네이티브 앱 스토어에 제출할 수 있도록 해준다.

폰갭은 네이티브 플랫폼에서 사용할 수 있지만 웹에서는 불가능한 기능을 사용하게 해주는 여러 가지 플러그인도 제공한다. 예를 들어 사용자의 연락처 목록은 일반적으로 브라우저에서 접근할 수 없다. 하지만 폰갭 플러그인을 설치하면 자바스크립트 API로 접근할 수 있게 된다. 폰갭의 플러그인이 필요하지 않다면 마이크로소프트의 PWA 빌더를 이용해 기본적인 iOS, 안드로이드용 네이티브 래퍼를 생성할 수도 있다.

구글은 최근에 '검증된 웹 활동Trusted Web Activity'이라는 도구를 발표했다. 이 도구는 프로그레시브 웹 앱을 감싸 안드로이드 앱으로 배포해준다(http://bkaprt.com/pwa/04-11/). 프리액트Preact를 만든 크롬 개발팀 소속 제이슨 밀러Jason Miller에 따르면 "검증된 웹 활동은 안드로이드 내장 폰갭이라 할 수 있다"(http://bkaprt.com/pwa/04-12/).

검증된 웹 활동을 사용하려면 앱이 특정 도메인에 연결되어 있고 그 도메인도 앱과 연결되어 있음을 선언해야 한다. 이렇게 양방향 인증을 함으로써 누군가 남의 웹사이트를 자기 것으로 등록하는 보안 문제를 방지할 수 있다. 은행 사이트를 래퍼로 감싸 만든 안드로이드 앱이 있고 사용자가 이 앱으로 은행 사이트에 로그인하는 상황을 상상해보자. 양방향 인증을 하면 앱을 이용하는 사용자가 올바른 사이트를 이용하도록 할 수 있다.

인증을 받으면 크롬과 검증된 웹 활동 앱 사이에서 쿠키와 캐시를 공유하는 것도 가능하다. 사용자가 크롬에서 이미 로그인한 상태라면 검증된 웹 활동 앱을 실행할 때 자동으로 로그인될 것이다. 이런 높은 수준의 인증 덕분에 앞으로는 구글이 검증된 웹 활동을 이용하는 프로그레시브 웹 앱에 좀더 민감한 API를 허용하게 될지도 모른다.

장벽이 높아진다

프로그레시브 웹 앱을 네이티브 앱 스토어에 등록하는 경우에는 콘텐츠 묶음 판매 제한, 앱 내 판매 제한 등을 포함한 스토어의 모든 규칙을 준수해야 한다. 이 때문에 추가 개발 작업이 단순히 앱을 네이티브 래퍼로 감싸는 수준을 넘어 기술로 풀 수 없는 난관에 봉착할 수도 있다. 예를 들어 애플은 네이티브 앱이 구독권을 판매할 때 자사의 전용 구독 도구를 이용하도록 강제하고 있다. 애플의 전용 구독 도구는 개인에게만 구독권 판매를 허용하며 회사를 상대로는 판매를 허용하지 않는다. 여러분의 사업 모델이 앱 스토어의 정책과 맞지 않는다면 이를 해결할 수 있는 프로그램 코드는 없다.

앱을 네이티브 앱 스토어에 올리면 사용자의 기대치가 높아진다는 것도 명심하자. 사용자가 웹사이트에서 프로그레시브 웹 앱을 홈 화면에 설치했다면 그 기대치는 웹사이트에서 봤던 수준만큼일 것이다. 하지만 똑같은 앱을 네이티브 앱 스토어에서 설치했다면 사용자는 자신이 사용하는 기기의 디자인 감성과 일치하는 외양과 느낌을 기대할 가능성이 크다. 장벽이 더 높아지는 것이다. 사용자 경험을 높이기 위해 최선을 다하지 않으면 앱 평가는 나빠질 것이다.

앱 마케팅하기

세부적인 내용에서 잠시 물러나 큰 틀에서 보자. 이 장에서 다루는 내용은 대부분 프로그레시브 웹 앱을 마케팅하는 방법에 관한 것이다. 마케팅의 목표는 단순히 사람들이 앱을 설치하는 데 그쳐서는 안 된다. 그것은 장기적인 고객관계의 한 단계에 불과하다. 마케팅 계획은 고객관계 전략의 모든 단계를 하나하나 고려해야 한다.

첫 단계는 사용자가 여러분의 웹사이트에 도달하게 하는 것이다. 주로 검색엔진 최적화, 소셜미디어 활동, 광고 등 전통적인 방문 유입 활동을 통해 이루어진다. 이것이 깔대기 모델의 첫 단계이다. 웹사이트에 가능한 한 많은 사람이 방문할 수 있게 해야 한다.

웹사이트에 방문한 모든 사용자는 여러분의 프로그레시브 웹 앱을 경험하게 될 것이다. 사용자들은 여러분이 제공하는 서비스를 앱을 설치하지 않고도 이용할 수 있다. 사용자에게 푸시 알림이나 오프라인 지원 등의 향상된 기능을 제공함으로써 사용자의 지속적인 사용을 유도하는 것도 가능하다. 앱을 홈 화면에 설치하지는 않아도 충성도 높고 가치 있는 고객을 많이 보유하게 될 수도 있다.

한편 여러분의 프로그레시브 웹 앱을 설치하고자 하는 사용자를 위해 브랜드 정체성을 반영한 매니페스트 파일을 설정해두고 적절한 시점에 앱 설치 안내를 띄울 필요가 있다. 앱을 홍보할 수 있는 장소를 여러 군데 살펴보고, 앱 스토어에 프로그레시브 웹 앱을 올리는 것이 적절할지 판단해보자.

요컨대 사용자가 프로그레시브 웹 앱을 설치하게 하는 데에만 너무 집중하지 말고, 사용자가 앱을 설치할 의향이 있는 경우에 쉽게 설치할 수 있도록 하자는 것이다. 어쨌든 이제 웹사이트를 더 빠르고 안정적으로 만들어주는 프로그레시브 웹 앱의 오프라인 기능을 사용해볼 때다.

오프라인

 자신의 웹사이트에는 오프라인 지원이 필요 없다고 생각하는 사람이 많다. 물론 오프라인에서 콘텐츠를 볼 수 있으면 좋겠지만 그것이 꼭 필요하지는 않으니까.

 맞다. 서비스 워커는 결국 자원을 캐시하는 도구다. 또 서비스 워커는 오프라인에서도 웹사이트를 이용할 수 있게 해준다. 하지만 웹사이트를 '오프라인'에서 이용하는 경우는 매우 드물다. 그보다는 불안정하거나 느린 네트워크에서 웹사이트를 이용하는 경우가 훨씬 많겠다. 어떤 사용자의 네트워크 연결이 빠르다 하더라도 계속 그러리란 보장은 없다.

 서비스 워커를 이용하면 데이터를 오프라인에 저장해둘 수 있고, 네트워크 요청을 우리 뜻대로 중계할 수 있게 된다. 덕분에 웹 앱을 어떠한 네트워크 환경에서도 더 안정적으로 작동하도록 할 수 있다. 웹 앱의 구성 요소를 오프라인 캐시에 저장해두었다가 다시 가져오도록 하면 네트워크에서 가져와야 하는 데이터의 양을 최소화할 수 있다. 각 페이지마다 고유한 약간의 정보를 제외하고 앱을 그리는 데 필요한 데이터를 전부 기기에 저장해두었다면 2G 네트워크를 이용하는 사용자조차도 빠르고 안정적으로 앱을 사용할 수 있다.

데이터를 오프라인에 저장하면 사용자가 중간에 떠나더라도 세션을 유지할 수 있다. 잘 만든 네이티브 앱은 사용자가 마지막에 앱을 사용한 시점의 정보를 유지하고 있다가 다시 보여준다. 새로운 정보를 볼 수 있다고 알려주는 것은 그다음이다.

서비스 워커를 이용하면 웹사이트의 성능과 안정성을 개선하는 것부터 앱을 오프라인에서 완전히 작동하도록 하는 것까지 전부 다 할 수 있다. 서비스 워커를 웹사이트에서 어떻게 활용하는가에 따라 고객에게 무엇을 전달할 것인지와 프로그레시브 웹 앱 개발 난이도가 달라진다. 어떤 선택지들이 있는지 살펴보자.

캐시 전략

서비스 워커를 사용한다는 것은 캐시 관리의 책임을 직접 맡는다는 의미이다. 캐시에서 언제 파일을 제거할 것인지, 최신 파일을 언제 다운로드할 것인지 등을 여러분이 직접 제어해야 한다. 업데이트 출시 방식을 체계화해야 할 수도 있다. 버전 배포 체계, 버전 이름 정책, 브라우저와 CDN의 캐시 무효화 등의 절차를 잘 갖추고 있다면 서비스 워커를 쉽게 적용할 수 있는 조건이다. 그렇지 않다면 기술 개발뿐 아니라 업무 과정에도 개편이 필요할 것이다.

하지만 이 과정은 가치 있는 작업이다. 서비스 워커로 성능과 안정성을 높이는 것은 모든 웹사이트에 적용할 수 있고 적용해야 한다. 서비스 워커는 백그라운드에서 실행되기 때문에 최종 사용자에게 오프라인 캐시 저장에 관해 자세히 설명할 필요도 없다. 사용자가 느끼는 것은 웹사이트가 전보다 빨라졌다는 것뿐이다.

최소한 서비스 워커를 이용해 공통적으로 사용되는 자원, 코드, 템플릿을 캐시해 웹사이트의 성능과 안정성을 높일 수 있다. 이를 위해서는 웹사이트의 문서, 이미지, 스크립트, 스타일시트를 어떻게 얼마나 자주 변경하고, 어디에 올려둘 것인지 등을 잘 생각해야 한다.

예를 들어 여러 페이지에서 공통으로 사용하는 이미지 파일들을 /common_images/라는 디렉터리에 모아놓는다고 하자. 이 이미지들은 자주 변경하지 않지만, 변경이 일어나면 파일명의 타임스탬프를 바꾸고 이 이미지를 가리키는 코드도 새 URL로 갱신한다. 이런 조건에서는 이미지를 오랫동안 캐시하도록 설정해도 문제가 없다.

다른 방식으로, 캐시에 저장된 파일을 사용하되 그와 동시에 네트워크에서 파일의 새 버전이 있는지 확인하는 것도 가능하다. 새 버전이 있다면 다운로드해두고 다음 방문 때 사용하도록 한다.

워크박스Workbox라는 자바스크립트 라이브러리를 이용하면 이와 같은 기본적인 캐시를 훨씬 쉽게 설정할 수 있다(http://bkaprt.com/pwa/05-01/). 파일을 캐시하는 방법과 예상 가능한 문제를 방지하는 방법을 더 자세히 다룬 제레미 키스의 책 《서비스 워커로 만드는 오프라인 웹사이트Going Offline》를 읽어보기 바란다.

최근 방문 페이지

성능을 위해 단순한 캐시를 넘어서는 첫 단계는 사용자가 최근 방문한 페이지를 캐시하는 것이다. 이 전략에는 두 가지 장점이 있다.

그림 5.1 사용자가 혼란을 겪지 않도록 오프라인 상태를 안내할 수 있다.

첫 번째, 사용자가 오프라인에서 접속할 페이지가 어디일지 예상할 필요가 없다는 것이다. 그냥 사용자가 방문한 페이지들을 캐시하면 된다.

두 번째, 페이지 요청이 곧 캐시에 저장할 항목을 고르는 기능을 할 수 있다는 것이다. 브라우저가 방문한 적이 없는 페이지와 자원을 프리캐시하기 위한 코드를 작성할 필요가 없기 때문에 서비스 워커의 복잡성도 적다.

cloudfour.com은 최근 방문 페이지만 캐시하는 전략을 채택했다. 웹사이트를 사용하는 주목적이 기사를 읽는 것이기 때문이다.

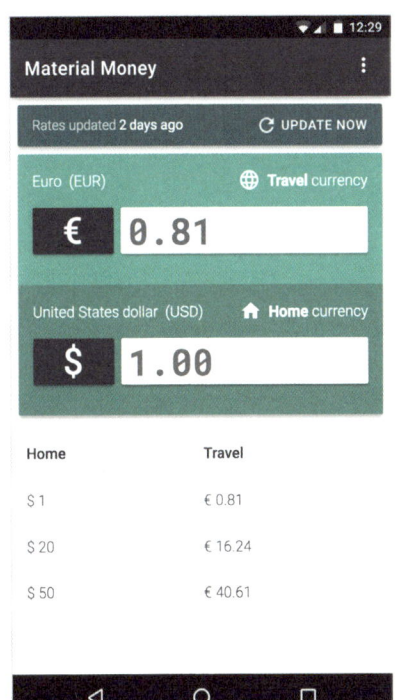

그림 5.2 환율 계산기 예제. 머티리얼 머니는 환율이 갱신된 시각을 표시한다(http://bkaprt.com/pwa/05-02/).

사용자가 오프라인에서 읽을 기사를 예상하려 한다면 적중률은 낮을 것이다. 최상위 페이지를 프리캐시한다면 종량요금제를 이용하는 방문자에게 전혀 볼 일 없는 콘텐츠를 다운로드하도록 강제하게 될 것이다(방문자 분석을 통해, 종량요금제가 일반화된 국가에서 방문하는 사람이 많다는 것을 알고 있다). 최근 방문 페이지를 캐시해두면 독자들이 오프라인에서도 페이지를 계속 읽을 수 있다.

페이지를 오프라인에서 제공하기 시작하는 시점에 사용자에게 페이지가 오프라인 버전임을 안내하는 것이 좋다. 우리 웹사이트에는 페이지 상단에 오프라인 상태를 안내하는 배너를 붙였다(그림 5.1).

navigator.onLine 또는 backgroundSync API를 이용해 네트워

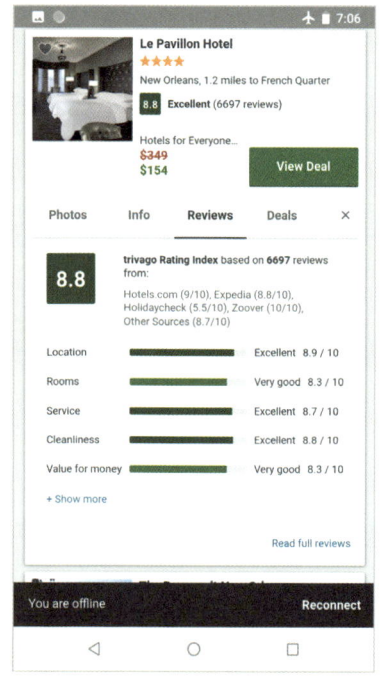 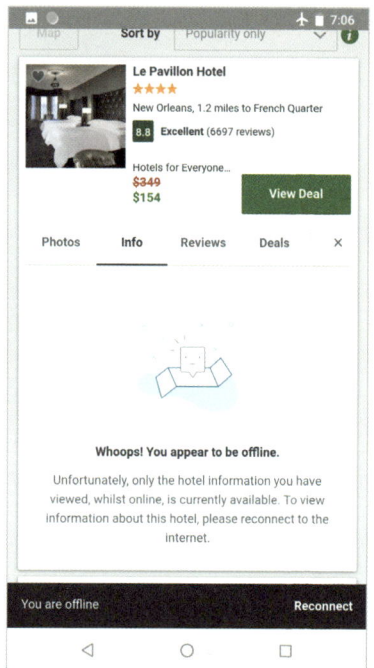

그림 5.3 트리바고는 페이지의 각 부분을 독립적인 영역으로 취급한다(왼쪽). 부문별로 오프라인에서 이용할 수도 있고, 아닐 수도 있다. 오프라인에서 이용할 수 없는 부문을 선택하면 페이지 본문에 이 영역을 사용할 수 없다는 안내 메시지가 표시된다(오른쪽).

크 연결이 다시 이루어졌는지 확인할 수 있다. 연결 복구를 감지하면 서버 재접속을 시도할 수 있고, 사용자에게 페이지를 갱신해 최신 정보를 받아올 것인지 물어볼 수도 있다.

시간에 민감한 정보를 서비스하는 경우에는 콘텐츠가 갱신된 시각이 언제인지 알려주는 것이 중요할 수 있다. 블로그 글이나 기사라면 오프라인 상태로 오래 있어도 별 문제가 안 될 것이다. 하지만 환전 앱 같은 경우에는 인터넷에 접속해 환율을 갱신한 뒤 시간이 얼마나 지났는지 경고가 필요할 것이다(그림 5.2).

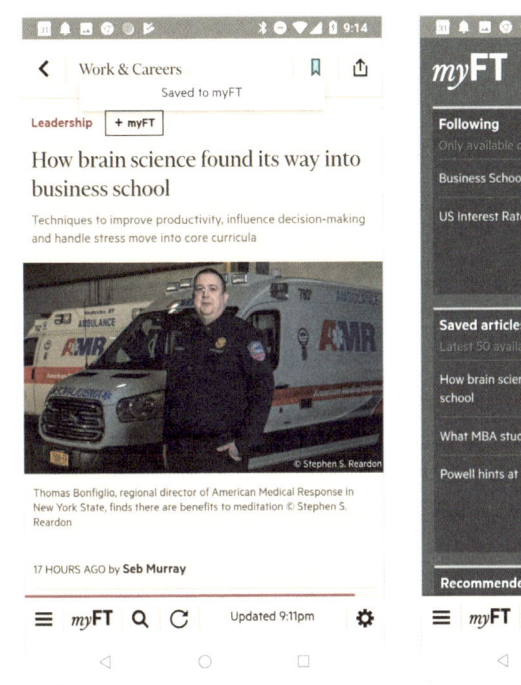
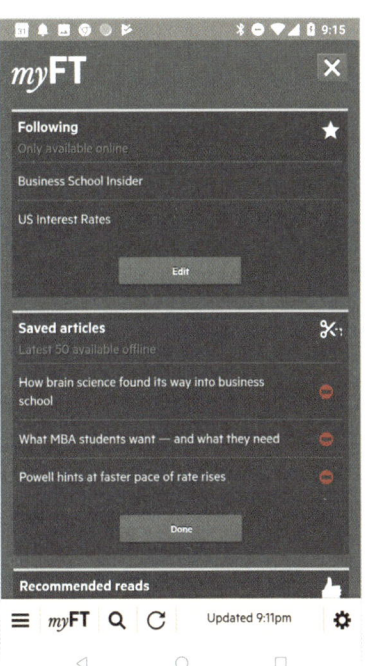

그림 5.4 《파이낸셜타임스》에서는 독자가 myFT 계정으로 기사를 즐겨찾기에 등록해두었다가 오프라인에서 읽을 수 있도록 했다.

그림 5.5 《파이낸셜타임스》 독자들은 저장해둔 오프라인 기사를 확인하고 필요 없는 기사를 삭제할 수 있다.

    흔히 페이지의 접속 가능 상태를 오프라인이나 온라인 둘 중 하나라고 생각하기가 쉽다. 하지만 콘텐츠를 AJAX로 끌어오는 페이지에서는 네트워크 연결이 끊기기 전에 페이지의 일부분만 로드되는 경우도 있을 수 있다.

    트리바고 호텔 검색 페이지에서는 호텔 정보 중 다운로드가 완료된 부분만 보여주는 방식으로 이 문제를 매끄럽게 풀었다. 호텔 검색 결과에는 네 개의 탭(사진, 정보, 리뷰, 공실)이 있다. 연결이 끊기기 전에 어느 한 탭의 정보를 다운로드했다면 그 탭을 자유롭게 열고 닫을 수 있다. 오프라인으로 저장되기 때문에 정보를 유실할 걱정도 없다. 반면 아직 다운로드하지 않은 탭을 누르면 콘텐츠가 표시될 위치에 오프라인 안내 메시지가 나온다(그림 5.3).

사용자 선택

사용자가 오프라인에서 어디에 접속하고 싶을지 추측하는 대신 사용자에게 직접 물어볼 수도 있다. 몇몇 뉴스 사이트들이 오프라인에서 읽고 싶은 기사를 사용자가 선택할 수 있도록 하는 실험을 시작했다(그림 5.4).

기사 페이지에서도 저장이나 삭제를 선택할 수 있어야 하지만, 저장해둔 기사 목록을 확인하고 삭제하는 기능도 제공해야 할 것이다. 오프라인 저장과 삭제 모두 사용자의 확인을 거쳐야 한다(그림 5.5).

프리캐시

사용자가 오프라인에서 이용하고 싶은 콘텐츠가 무엇인지 확신할 수 있고 그에 타당한 근거가 있다면 필요한 자원을 페이지에 접속하기 전에 미리 캐시해두는 것도 가능하다. 그러나 주의하자. 속도가 느린 네트워크나 종량요금제 네트워크를 이용하는 사람이 많다는 것을. 웹사이트에 처음 방문한 사용자에게 많은 양의 데이터를 다운로드하도록 강제하는 것은 무책임한 짓이다.

어떤 자원을 프리캐시해야 하는지 판단하려면 어떻게 해야 할까? 방문자가 나중에 원하게 될 콘텐츠가 무엇인지 어떻게 확신할 수 있을까? 사용량 분석 데이터를 참고하면 접속량이 몰리는 페이지가 어디인지 확인할 수 있다. 예를 들어 특정 페이지에 방문한 사용자 중 80%가 곧이어 다른 특정 페이지를 방문한다면 이 페이지

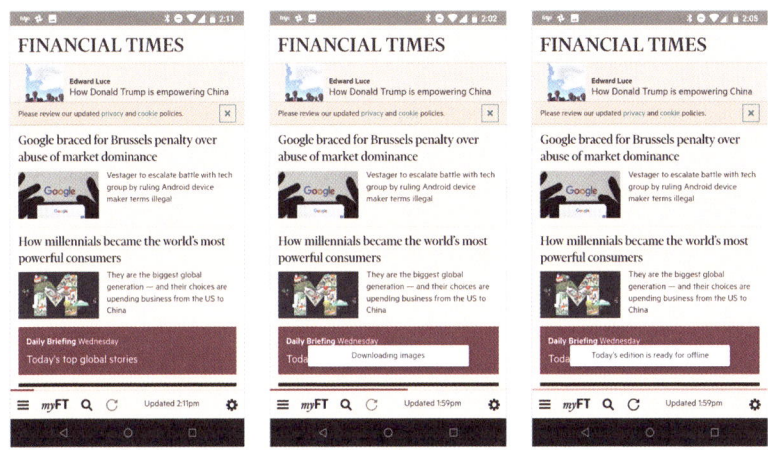

그림 5.6 《파이낸셜타임스》의 프로그레시브 웹 앱은 간단한 메시지를 띄워 기사를 오프라인에서도 볼 수 있다고 안내한다.

를 프리캐시해도 좋을 것이다.

　캐시하려는 데이터의 용량도 염두에 두어야 한다. 뉴스 웹사이트에서는 가장 중요한 기사의 글을 프리캐시하되 이미지는 프리캐시하지 않을 수 있다. 그러면 최소한 이미지를 제외한 핵심 정보는 오프라인에서도 이용할 수 있다.

　사용자가 여러분의 웹사이트에서 일반적으로 하는 행동이 무엇인지 정확히 알고 있더라도 모든 사용자가 그 행동을 똑같이 하지는 않을 것이다. 따라서 가장 성공률이 높은 방법은 사용자에게 캐시할 항목을 보여주고 제어하도록 하는 것이다. 《파이낸셜타임스》는 콘텐츠를 다운로드하는 중임을 표시하며 기사를 오프라인에서도 볼 수 있다고 안내한다(그림 5.6).

　이처럼 다운로드 상태를 투명하게 보여주면 사용자가 이미지에 필요한 시간과 공간을 측정할 수 있다. 이미지 다운로드를 끄거나 콘텐츠 자동 다운로드를 완전히 끄는 설정 옵션을 제공할 수도 있

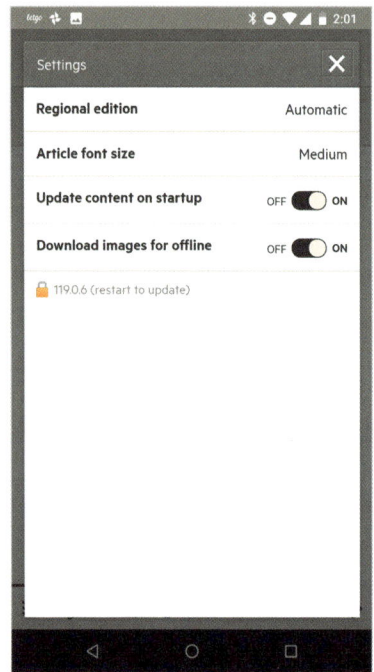 

그림 5.7 《파이낸셜타임스》는 자동으로 다운로드할 콘텐츠를 사용자가 설정할 수 있도록 한다. 또 앱을 언제 업데이트하는지도 알려준다.

그림 5.8 크롬 플랫폼 상태 웹사이트는 프로그레시브 웹 앱으로도 사용된다. 서비스 워커가 프로그레시브 웹 앱의 새 버전을 백그라운드에서 다운로드한 직후, 앱은 알림을 띄워 사용자가 앱을 갱신하도록 한다(http://bkaprt.com/pwa/05-03/).

다(그림 5.7).

　앱의 새 버전이 나왔을 때 사용자에게 이를 알려주고 앱을 갱신하도록 권유할 수도 있다. 앱이 캐시된 상태에서는 새 버전이 나온 뒤 한 번은 사용자가 옛 버전을 보게 될 것이다. 예를 들어 《파이낸셜타임스》는 사용자가 앱을 새 버전으로 갱신하는 것이 항상, 꼭 필요하지는 않기 때문에 비교적 보는 사람이 거의 없는 설정 화면에 앱의 버전 번호와 "업데이트하려면 재시작하세요"라는 메시지

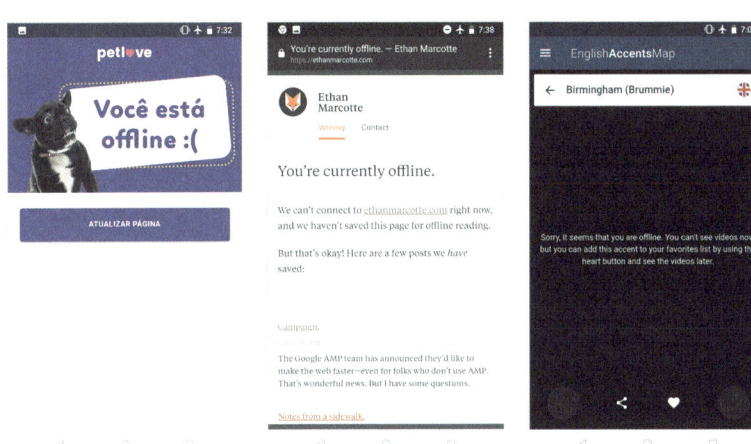

그림 5.9 오프라인 대응 페이지는 펫러브(왼쪽)처럼 간단하게 만들 수도 있고, 이단 마콧의 최신 기사 캐시 목록(가운데)과 같이 부분적인 기능을 제공하도록 만들 수도 있다. 이와 비슷하게 영어 악센트 지도 앱(오른쪽)은 사용자가 보려고 시도한 영상을 온라인 상태가 되었을 때 볼 수 있도록 찜하는 기능을 제공한다.

를 노출시켰다. 이와 대조적으로 크롬 플랫폼 상태Chrome Platform Status 웹사이트는 버전 정보를 눈에 잘 보이게 표시하고 새로고침 버튼도 제공한다(그림 5.8).

프리캐시가 사용자에게 얼마나 가치 있을지 냉정하게 판단해보자. 앱에서 몇 메가바이트를 프리캐시하는 것이 가능하다고 해서 꼭 그렇게 해야 하는 것은 아니다. 캐시 정책을 투명하게 공개하고 사용자에게 제어권을 주자.

오프라인 상호작용

지금까지 데이터를 캐시해 오프라인에서 사용자에게 보여주는 방법에 대해 알아보았다. 그런데 사용자는 오프라인에서 무엇을 할 수 있을까? 오프라인 모드에서 제공할 수 있는 사용자 상호작용은 매

그림 5.10 트리바고의 오프라인 대응 페이지는 연결이 재개될 때까지 기다리는 동안 사용자가 풀 수 있는 중력 조작 미로 게임을 제공한다. 접속이 끊긴 사용자의 67%가 온라인 상태가 된 후에도 사이트를 계속 이용한다고 한다(http://bkaprt.com/pwa/05-04/).

우 다양하다. 가장 먼저 오프라인에서 볼 수 없는 URL에서 표시할 오프라인 대응 페이지를 제공하는 것부터 준비해야 한다(그림 5.9).

오프라인 대응 페이지에 오프라인 상태를 알려주는 간단한 메시지만 넣어도 좋다. 그렇지만 사용자에게 무언가 즐길거리를 제공하는 오프라인 페이지도 있다. 이것으로 사용자가 온라인 상태일 때 다시 방문해주기를 바라는 것 같다(그림 5.10).

오프라인 변경사항 저장

오프라인 상호작용을 설계할 때 방문자가 오프라인에서 할 수 있는 작업이 무엇인지 안내해야 한다. 예를 들어 사용자가 콘텐츠를 생성하거나 문서를 편집할 수 있는 웹사이트라면, 네트워크 연결이 끊겼을 때 사용자의 작업물이 어떻게 되는지 사용자에게 설명해줘야 한다.

사용자의 중간 작업물과 변경사항을 연결이 복구될 때까지 전부 저장해놓는다면 이상적이겠다. 이를 위해서는 서비스 워커 외에도 클라이언트 측 데이터 저장 도구를 이용해야 한다. 저장 도구로는 인덱스드DB IndexedDB와 웹 스토리지 Web Storage가 주로 사용된다. 서버 저장 요청이 일어날 때마다 네트워크 상태와 서버 연결 상태를 확인해야 한다. 서버와 연결되지 않는 경우 업로드 요청을 로컬 데이터 저장소로 중계해 서버 연결이 가능해졌을 때 다시 보내도록 해야 할 것이다.

최근 몇 년간 이 작업의 난도가 낮아지는 추세이다. 폴리머 팀은 브라우저 내장 데이터베이스를 원격 데이터베이스와 동기화하는 라이브러리를 공개했다(http://bkaprt.com/pwa/05-05/). 그러나 이와 같은 라이브러리를 이용하더라도 기존 앱에 오프라인 동기화 기능을 추가하는 일은 만만찮은 작업이 될 수 있다. 서버에 동기화 API가 없으면 작업이 불가능할 가능성도 있다.

오프라인 임시 저장을 지원하는 경우에도 사용자에게 작업물의 임시 저장 방식에 대해 설명해야 한다. 변경사항이 바로 반영되지 않는다는 것을 사용자가 인지하도록 말이다. 오프라인 상태 알림은 사용자가 중요한 작업을 해야 해서 오프라인에서 작업하고 싶지 않은 경우에도 도움이 된다. 이런 경우 사용자는 네트워크 연결이 복구될 때까지 기다렸다가 작업하고 싶을 것이다. 네트워크 연결이 끊겨서 작업물을 날리는 것만큼 화가 나는 일도 없다.

네트워크 연결이 복구된 경우에도 마찬가지로 사용자에게 편집 상태를 알려줘야 한다. 그냥 오프라인 경고 메시지를 없애는 것만

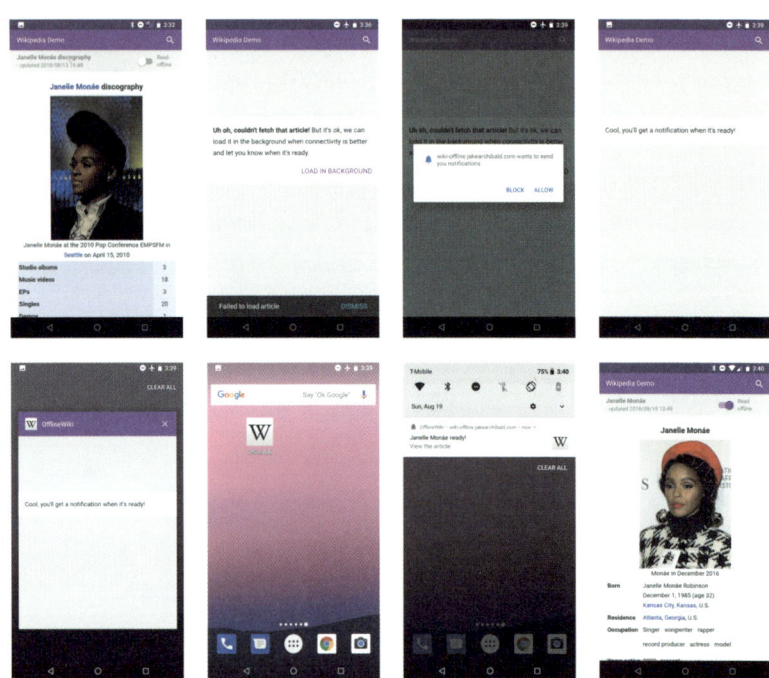

그림 5.11 제이크 아치볼드Jake Archibald의 오프라인 위키백과 앱은 네트워크 연결 속도가 너무 느릴 때 백그라운드 동기화 방식으로 문서를 다운로드한다. 다운로드는 앱을 닫은 경우에도 계속 진행된다(왼쪽 아래). 콘텐츠를 다 받으면 푸시 알림을 띄운다(http://bkaprt.com/pwa/05-06/).

으로도 충분할 수 있다. 아니면 편집한 내용을 저장하는 데 성공했다고 알려주는 것도 좋다.

사용자가 네트워크 연결이 복구되기 전에 앱을 닫으면 어떻게 해야 할까? 서비스 워커의 확장 명세인 웹 백그라운드 동기화Web Background Synchronization를 이용하면 네트워크 연결이 복구되었을 때 백그라운드에서 동기화할 수 있다(http://bkaprt.com/pwa/05-07/)(그림 5.11). 네이티브 앱으로 이메일을 보낼 때를 생각해보자. 이메일 발송이 완료되기 전에 앱을 닫고 다른 작업을 해도 메일이 잘 간다.

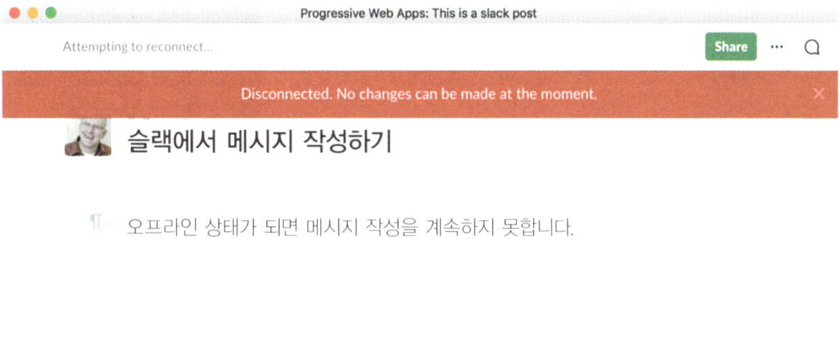

슬랙에서 메시지 작성하기

오프라인 상태가 되면 메시지 작성을 계속하지 못합니다.

그림 5.12 슬랙(프로그레시브 웹 앱은 아니다)은 네트워크 문제로 메시지를 발송할 수 없을 때 사용자가 시간을 낭비하지 않도록 메시지 편집을 제한한다.

오프라인 상태인 경우에는 온라인 상태가 될 때까지 앱에서 메일 발송을 계속 재시도한다. 백그라운드 동기화는 현재 크롬, 삼성 브라우저, 오페라, UC 브라우저에서만 지원되며 엣지와 파이어폭스에서도 개발이 진행 중이다.[1](http://bkaprt.com/pwa/05-08/).

변경사항을 저장했다가 나중에 서버로 전송하는 것을 당장 구현하기가 곤란하다면 슬랙Slack 데스크톱 앱이 사용하는 간단한 임시방편을 적용해보는 것도 좋다. 네트워크 연결이 느리거나 불안정할 때 메시지 작성을 비활성화하는 것이다(그림 5.12).

최선의 방법이라고 하기는 어렵겠지만 적어도 네트워크 문제로 앱이 변경사항을 저장할 수 없는 상태에서 사용자가 대량 편집을 하는 일은 방지할 수 있다.

하나의 사이트, 여러 개의 앱

웹사이트에 서비스 워커 기술을 어떻게 적용할지 여러모로 검토해

---

1 엣지는 지원하지만 파이어폭스는 아직 지원하지 않는다.

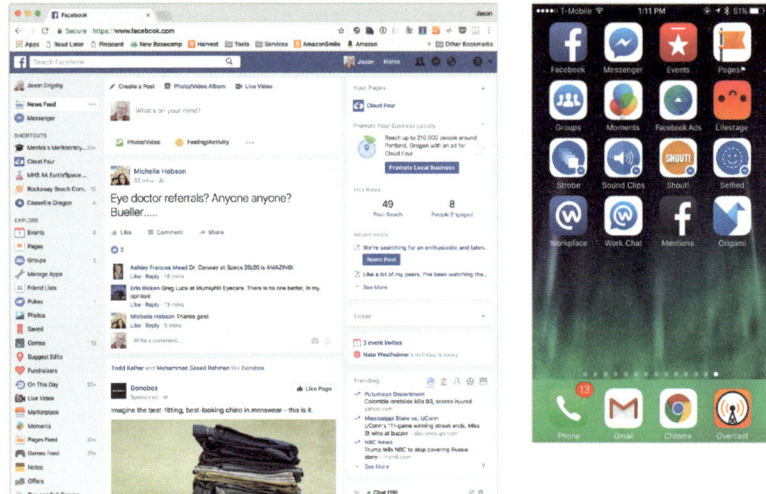

그림 5.13 페이스북은 데스크톱 앱이 하나이다(왼쪽). 그렇지만 모바일 앱은 여러 개다(오른쪽). 웹사이트 규모가 클 때, 프로그레시브 웹 앱 하나로 괜찮을까?

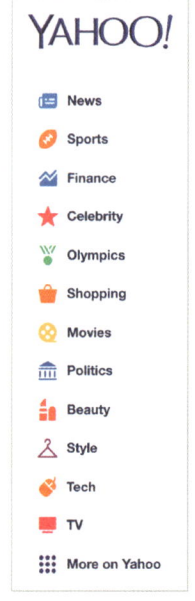
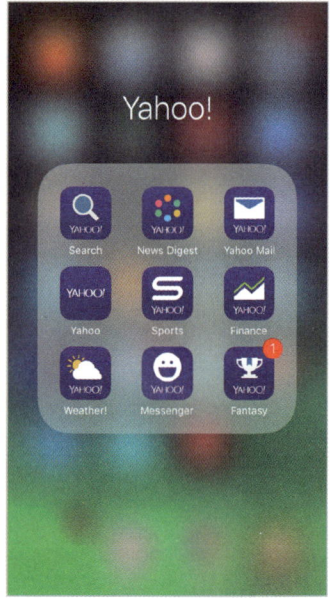

그림 5.14 야후 웹사이트에는 뉴스, 스포츠 등 여러 하위 웹사이트가 있다(왼쪽). 그리고 이에 직접 대응하는 야후 네이티브 앱이 여럿 있다(오른쪽).

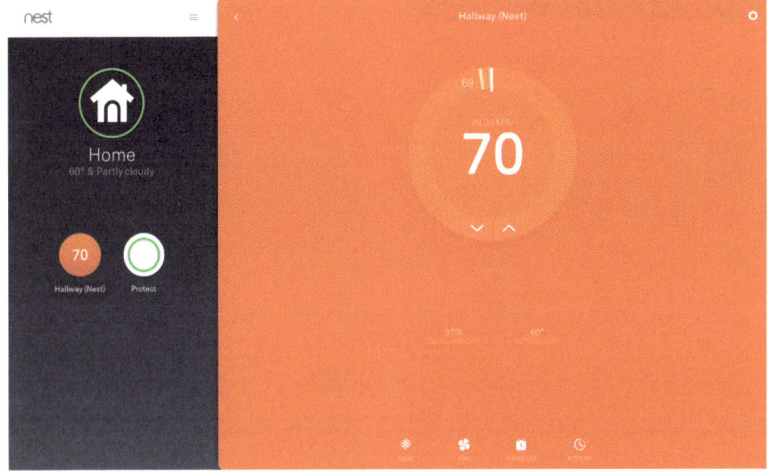

그림 5.15 네스트 웹사이트에는 여러 가지 콘텐츠가 있다. 네스트 제품을 소지한 사용자에게는 그중에서 네스트 장치를 제어하는 도구가 가장 중요하다.

보면 복잡한 오프라인 기능을 적용해야 하는 부분이 있는가 하면 기본적인 성능만 개선해도 충분한 부분도 있을 것이다. 여러 웹사이트를 둘러보면 회사 연혁이나 정책 등을 설명하는 부분이 있다. 중요한 내용이겠지만 오프라인 접속이 꼭 필요하지는 않다.

   프로그레시브 웹 앱의 멋진 점 중 하나가 바로 웹사이트의 각 영역을 서로 다르게 취급할 수 있다는 것이다. 건축 자재 판매사를 예로 들어보자. 회사 소개 페이지에는 성능 개선만 적용하고, 최근 방문한 상품 페이지를 캐시하도록 하고, 이 회사만의 특별한 건축 자재 견적 계산기를 고객이 오프라인에서도 사용할 수 있게 하면 좋을 것이다.

   사실 웹사이트와 프로그레시브 웹 앱은 일대일 관계로 만들지 않아도 된다. 많은 회사가 네이티브 모바일 앱을 활용하는 방식을 보고 힌트를 얻을 수 있는데, 데스크톱 기기용 앱은 하나지만 그에

그림 5.16 네스트의 네이티브 앱(왼쪽)과 반응형 웹사이트(오른쪽)는 거의 똑같다.

대응하는 모바일 기기용 앱은 여러 개인 경우가 많다. 페이스북을 데스크톱 웹 브라우저에서 접속하면 메신저, 이벤트, 페이지, 그룹 등의 섹션이 하나의 앱에 모두 들어 있다. 그렇지만 모바일에서는 이들이 모두 제각각 나뉘어 있다(**그림 5.13**).

야후 또한 여러 개의 네이티브 앱을 보유하고 있다. 이 네이티브 앱 중 다수는 야후 데스크톱 웹사이트의 하위 웹사이트에 대응한다. 예를 들어 sports.yahoo.com에는 야후 스포츠 앱이 있고, finance.yahoo.com에는 야후 금융 앱이 있다(**그림 5.14**). 이들 각각을 별도의 네이티브 앱으로 만든 것은 적절했으며, 앞으로 프로그레시브 웹 앱을 만들 때 동일한 방식을 적용해도 될 것 같다.

혹시 웹사이트에서 따로 떼어내 앱으로 만들어도 좋은 기능이 있지 않을까? 앞에서 예로 들었던 건축 자재 판매사의 견적 계산기 같은 것 말이다. 전체 웹사이트 대신 그것만 떼어내서 고객의 홈 화면에 설치하는 것도 괜찮을 수 있다. 나는 이런 앱을 '뜯어가는 앱 tearaway apps'이라고 부른다. 연락처가 적힌 아랫부분을 뜯어갈 수 있게 잘라놓은 전단지가 생각나기 때문이다.

프로그레시브 웹 앱은 '뜯어가는 앱'을 구현하기에 좋다. 웹사이트의 각 부분에 매니페스트 파일과 서비스 워커를 제각각 다르게 설정할 수 있다. 계획을 조금만 세우면 웹사이트의 여러 부분을 서로 독립된 프로그레시브 웹 앱으로 만들 수 있다.

네스트Nest의 웹사이트는 뜯어가는 앱을 적용하기 딱 좋은 사례이다. 이 웹사이트에는 마케팅 관련 페이지부터 지원 문서에 이르기까지 온갖 페이지가 있다. 그중에서 가장 프로그레시브 웹 앱으로 뜯어낼 만한 부분은 로그인했을 때 보이는 페이지, 즉 장치 제어 판이다(그림 5.15).

사실 모바일 기기에서 nest.com에 로그인했을 때 나오는 페이지는 네스트의 네이티브 앱과 거의 똑같다(그림 5.16).

nest.com의 모든 페이지는 서비스 워커를 적용해 성능을 높일 수 있는 대상이다. 사용자는 성능 개선으로 인한 혜택을 누릴 것이다. 하지만 그것만이 아니다. 사용자들이 정말 원하는 것은 네스트 제품 관리 페이지를 떼어가서 편하게 쓰는 것 아닐까.

여러분의 웹사이트를 분석할 때, 웹사이트 전체를 하나의 프로그레시브 웹 앱으로 만드는 것이 좋을지 아니면 각 영역을 별개로 취급하는 것이 좋을지 생각해보자. 독립적으로 기능하는 페이지가 있는가? 웹사이트 하나에 프로그레시브 웹 앱을 하나만 보유하란 법은 없다.

모든 페이지는 오프라인 캐시를 적용해 성능을 높일 수 있다. 그 이상으로 나아가려면 어떤 기능을 오프라인으로 제공하는 것이 사용자에게 가장 좋은지, 어떤 오프라인 전략을 적용하는 것이 가장 적절한지를 결정해야 할 것이다.

오프라인 우선주의

지금까지 살펴본 내용을 여러분의 프로그레시브 웹 앱 설계에 바로 적용할 수 있다. 앱을 오프라인에서도 작동하도록 해야겠다고 마음먹었다면 말이다. 이런 생각은 웹을 바라보는 기존 관점과는 많이 다르다. 우리는 웹 초창기부터 네트워크 연결이 안정적이라고 가정하고 앱을 설계해왔다. 전화 모뎀으로 네트워크에 연결하던 시절부터 컴퓨터는 온라인 상태가 계속 유지되는 환경이었다.

우리는 휴대전화와 불안정한 무선통신의 발전을 보고 네트워크가 언제나 안정적인 것은 아니라는 사실을 깨달았다. 휴대전화 사용자로서 이런 네트워크 환경에 잘 적응했지만 웹 앱을 만들 때는 이 깨달음을 적용하지 못하고 있다.

기존 앱에 오프라인 기능을 추가하는 것은 어려울 수 있다. 하지만 웹 앱을 새로 만들거나 기존 앱을 재검토하는 경우에는 오프라인 지원을 기본으로 해야 한다. 여러분의 앱에서 네트워크 연결을 필수가 아니라 권장사항으로 취급한다면 그 앱은 어떤 환경에서도 사용할 수 있다.

앱에 오프라인 편집 기능과 백그라운드 동기화 기능을 추가하는 경우, 사용자에게 앱이 백그라운드에서 무엇을 하고 있는지 안내하는 것은 필수이다. 이럴 때 푸시 알림을 이용하면 좋다.

6 푸시 알림

10여 년 전 모바일 마케팅 분야의 발표와 기사들은 가게를 지나가는 행인에게 할인 광고 알림을 보내는 마케팅 방식이 도래할 것이라고 예측했다. 여기서 가게란 거의 대부분이 스타벅스였고 내용은 하나같이 광고 메시지를 더 받고 싶어 안달 난 소비자들에게 혜택을 제공한다는 순진한 시나리오였다.

그러나 실제로는 누구도 그런 미래를 바라지 않았다. 다들 영화 〈마이너리티 리포트〉의 광고 장면을 보고 이미 알고 있지 않았을까. 가게를 지날 때마다 물건 사라고 짖어대는 소리를 듣는 것은 희망찬 미래가 아니라 미쳐 날뛰는 자본주의의 디스토피아적 악몽에 가깝다는 것을. 우리는 삶에 훼방꾼이 늘어나는 것을 원하지 않는다. 마케터조차도 관심 없는 가게를 지날 때 푸시 알림이 쏟아져 나오는 것을 바라지 않을 것이다.

이 판타지는 비콘 기술이 실패하면서 사그라들었지만 마케터들은 여전히 푸시 알림에 현혹되어 있다. 물론 그럴 만한 이유는 있다. 푸시 알림은 사용자가 세상 어디에 있든 사용자에게 가장 친숙한 기기를 통해 사용자와 맞닿을 수 있는 수단이기 때문이다. 또 할인, 뉴스 등의 미끼를 이용해 사용자를 앱으로 다시 불러들일 수도 있다.

그러나 사용자에에 납득할 만한 이유노 없이 푸시 알림을 쏟아내는 웹사이트가 너무 많다. 푸시 알림은 사용자와 사업 모두에 이익이 될 수 있다. 올바르게 사용했을 때에 한해서.

푸시 알림은 웹에는 새로운 것이지만 사용자에게는 새롭지 않다. 사용자들은 네이티브 앱을 통해 이미 푸시 알림을 경험했고, 푸시 알림에 대한 생각도 정해졌다. 푸시 알림은 싫다는 생각이다. 로컬리틱스Localytics의 설문조사에서 사용자의 52%가 푸시 알림을 "짜증스러운 훼방꾼"이라고 답했다(http://bkaprt.com/pwa/06-01/). 수많은 회사가 푸시 알림을 남용해왔다. 사려 깊은 정보를 때맞춰 제공하기는커녕 사용자가 원치 않는 정보를 마구 뿌려댄 것이다.

푸시 알림을 도입하려면 신중하게 고민하고 계획해야 한다. 물론 푸시 알림 서비스를 웹사이트에 구현하는 것은 비교적 간단하다. 이메일 소식지와 비슷한 수준이다. 대개 이메일 소식지를 도입하는 것은 기술적으로 까다롭지 않다. 글쓰기, 편집하기 그리고 소식지를 꾸준히 운영하는 정도이다.

푸시 알림도 다르지 않다. 적절히 사용하기 위한 계획이 없다면 이 기술은 별로 쓸모가 없다.

푸시 알림을 이용하고 싶더라도 사용자에게 가치 있고 관련성 있는 정보를 제공하기 위한 체계를 갖추지 못했다면 푸시 알림 도입은 시기상조이다. 계획을 세울 때 고려해야 할 요소가 무엇인지 살펴보자.

푸시 알림 계획 세우기

프로그레시브 웹 앱을 만들 때 후기 단계에서 푸시 알림 계획을 짜는 경우가 많다. 푸시 알림이 유용하다는 것을 알고 어떻게 사용하는 것이 좋을까 생각하다보면, 이것을 효과적으로 사용하기 위해서는 작업 범위가 꽤 넓다는 사실을 깨닫게 되기 때문이다. 결국 푸시 알림이 저절로 작성되지는 않는다.

고객이 회사에 접촉하는 방법, 시기, 이유 등을 고려하면 메시지 발송 시나리오가 생각보다 복잡하다는 것을 알게 된다. 예를 들어 온라인 쇼핑몰이라면 고객이 주문한 상품이 발송된 경우나 고객이 장바구니에 상품을 담아두고 주문하지 않은 경우 등에 푸시 알림을 보내고 싶을 것이다. 언론기관이라면 독자가 알림을 받고 싶은 주제를 선택할 수 있도록 하고 싶을 것이다. 스포츠 웹사이트라면 사용자가 응원하는 팀의 경기 일정을 발송하고 싶을 것이다.

앞의 예를 종합하면 사용자에게 도움이 되는 푸시 알림이 무엇인지 알 수 있다. 사용자에게 개인적으로 이익이 되는 정보를 담은, 외부 사건에 의해 일어나는 푸시 알림이 좋다.

단지 할 수 있다는 이유만으로 웹사이트에 푸시 알림을 도입하고 싶을 수 있다. 하지만 어떻게 하면 사용자에게 맞춤식 경험을 제공할 수 있을지를 심사숙고해야만 진정한 이익이 되돌아올 수 있다. 로컬리틱스는 "메시지가 일정한 형태로 개인화된 경우에 사용자의 전환 활동 완료율이 세 배 더 높았다"는 사실을 발견했다 (http://bkaprt.com/pwa/06-02/).

앞의 예시에서 주요 작업은 브라우저가 아니라 서버에서 담당한다. 온라인 쇼핑몰은 상품이 발송되었을 때 주문 처리 시스템이 푸시 알림을 발송해야 한다. 언론 사이트는 새 기사가 공개될 때마다 콘텐츠 관리 시스템이 수많은 구독자 중 누구에게 알림을 보낼지

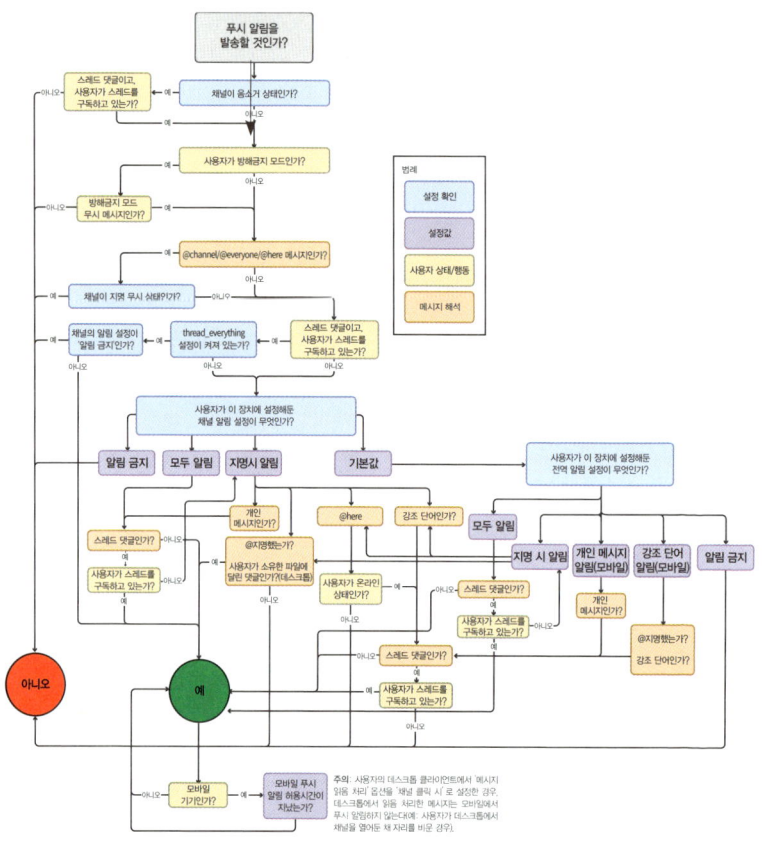

그림 6.1 슬랙이 푸시 알림 발송 여부를 결정할 때 사용하는 순서도. 프론트엔드가 아니라 백엔드에 작업이 치중되어 있음을 알 수 있다(http://bkaprt.com/pwa/06-03/).

검사해야 한다. 스포츠 웹사이트 역시 정보마다 점수를 매기고 사용자의 알림 설정과 맞는지 확인해야 한다. 슬랙이 푸시 알림을 발송할 것인지 아닌지 판단할 때 사용하는 순서도를 보면 이 과정이 얼마나 복잡한지 알 수 있다(그림 6.1).

또한 여러분이 아래 질문에 어떻게 답하느냐에 따라 개발해야 할 기능이 더 늘어날 수 있다.

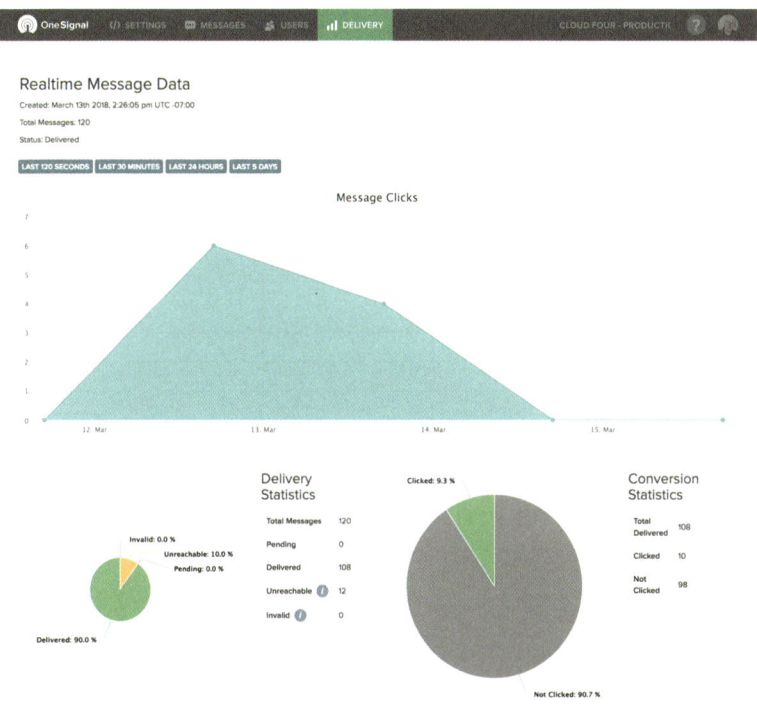

그림 6.2 원시그널OneSignal과 같은 푸시 알림 서비스는 대부분 사용자 분석·분류 도구를 제공한다.

- 푸시 알림을 받은 사용자를 추적하고 푸시 알림 응답률을 구하고 싶은가?
- 푸시 알림에 사용자 권한 검사가 들어가야 하는가?
- 사용자의 반응을 이메일과 같은 기타 채널을 통한 반응과 연관 지어 살펴보아야 하는가?
- 특정 사용자 그룹에 마케팅 메시지를 발송하는 기능이 필요한가? 그렇다면 사용자에게 자신이 수신할 마케팅 메시지를 어떤 방식으로 선택하게 할 것인가?

이와 같은 기능이 모두 필요하지 않을 수 있다. 하지만 알림 프로그램을 깊게 연구하기 시작하면 백엔드 시스템에서 작업해야 하는 일이 처음 생각보다 훨씬 많다는 것을 알게 될 것이다.

푸시 알림 구현하기

프로그레시브 웹 앱은 다양한 기기와 브라우저를 지원하기 때문에 푸시 알림을 어디에서 보낼지 결정하는 것은 애초에 푸시 알림을 보낼지 말지를 결정하는 것만큼이나 까다롭다. 브라우저마다 푸시 알림을 발송하는 URL이 다르기 때문이다. 예를 들어, 파이어폭스 사용자에게 푸시 알림을 보내려면 파이어폭스가 제공하는 특정한 URL에 해당 사용자의 구독 정보를 담은 객체와 메시지를 묶어서 전달해야 한다.

푸시 알림 발송 절차를 단순하게 하려면 푸시 서비스 제공사를 이용하는 편이 좋다. 푸시 서비스 제공사는 여러 발송 API를 연결해주기 때문에 구현 시간을 절약할 수 있다. 그중에는 자체 사용자 분석 도구와 마케팅 도구를 함께 제공하는 곳도 많다(그림 6.2). 여러분의 회사가 매우 큰 기업이 아닌 이상 푸시 서비스 제공사를 이용하는 것이 적절한 선택일 수 있다. 여러 업체를 조사해보고 앱에 필요한 기능과 조건을 잘 따져보기 바란다.

하지만 푸시 서비스 제공사를 이용하더라도 푸시 알림을 계획하고 이를 운영할 팀은 여전히 필요할 것이다. 그리고 푸시 알림을 기존 서비스와 업무 체계에 통합하기 위해서는 주문 상태의 변화를 감시하다가 푸시 서비스 제공사에 고객에게 알림을 보내도록 요청하는 코드를 작성해줄 개발자가 필요하다.

백엔드 시스템에 구현해야 할 사항에 비하면 브라우저에서 할 일

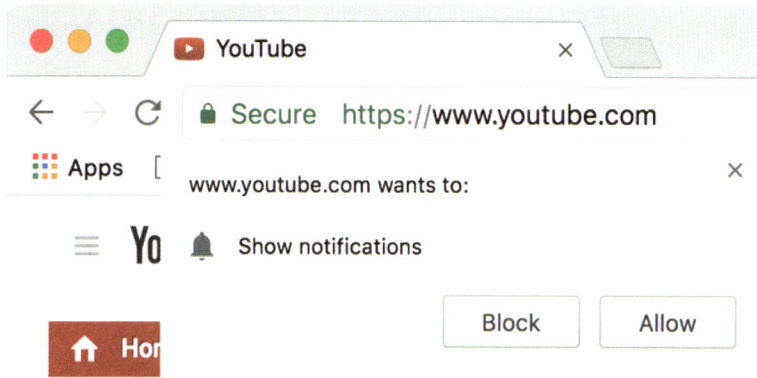

그림 6.3 유튜브와 같은 일류 웹사이트도 사용자의 첫 방문 때 푸시 알림을 요구한 바 있다.

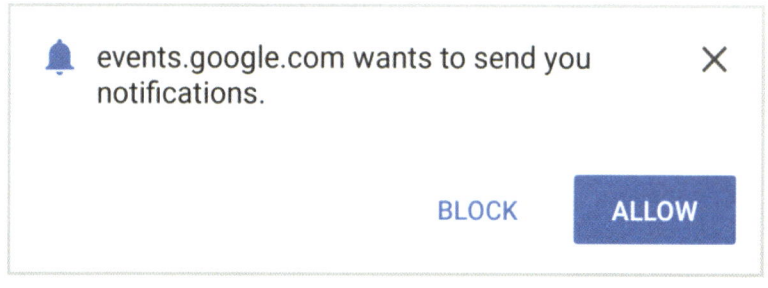

그림 6.4 이전 버전의 크롬에서는 사용자가 권한 요청 대화창에서 닫기 버튼을 누르거나 대화창 바깥을 눌러 결정을 내리지 않고 건너뛸 수 있었다.

은 누워서 떡 먹기이다. 프론트엔드 개발자들이 쉽게 처리할 수 있으며, 자바스크립트를 이용해 현재 브라우저에서 푸시 알림을 지원하는지 검사할 수 있다. 그 후 푸시 알림 발송 권한을 요청하고 사용자가 승인하면 브라우저가 고유 구독 객체를 발급해준다. 이 객체를 저장해두었다가 올바른 사용자에게 올바른 메시지를 발송할 수 있다.

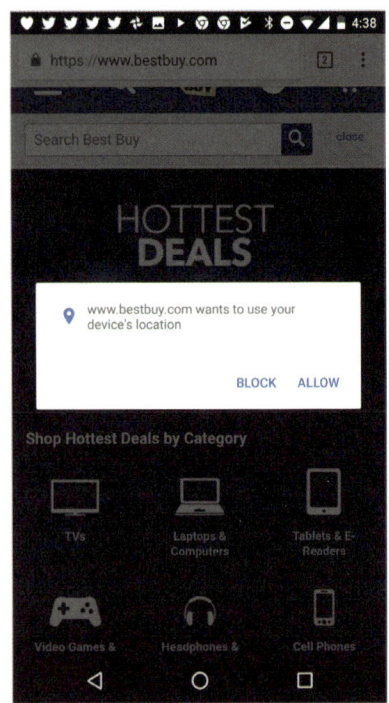

그림 6.5 크롬 버전 63에서는 권한 요청 대화 창에서 권한을 부여하거나 차단하는 것만 가능 하다. 건너뛰는 선택지는 없어졌다.

사용자에게 제어권 주기

여러분은 푸시 알림을 어떻게 보낼 것인지와 왜 보내야 하는지에 대한 확신이 있는가? 무엇보다 여러분이 푸시 알림을 책임감 있게 발송할 것이라는 믿음을 사용자에게 줄 수 있어야 한다. 사용자가 처음 방문하자마자 푸시 알림 발송 권한을 요청하는 웹사이트가 너무 많다(그림 6.3). 첫 데이트에서 청혼하는 격이다. 서로 알아가는 시간이 먼저 필요하지 않을까.

얼마 전까지는 첫 방문 때 푸시 알림 권한 요청으로 인한 불이익 이 없었다. 물론 사용자가 권한 요청을 차단할 수는 있었지만 그렇게 하는 사용자는 드물었다. 구글의 내부 측정치에서는 사용자의 90%가 권한 요청을 승인하거나 차단하지 않은 것으로 나왔다. 사용자들은 그냥 요청을 무시하거나 권한 요청 대화창을 닫아버렸다 (http://bkaprt.com/pwa/06-04/)(**그림 6.4**).

사용자들의 이런 행동은 이해가 된다. 사람들은 콘텐츠를 보고 싶어 한다. 무언가 요청이 왔는데 무엇인지 살펴보려고 흐름이 끊기는 것을 싫어한다. 그러므로 가능하다면 그냥 선택을 건너뛰려 할 것이다. 그리고 선택을 건너뛰기 때문에 사용자들은 귀찮게도 방문할 때마다 계속 권한을 요청받게 된다.

이 문제를 해결하기 위해 크롬은 버전 63에서 권한 요청 방식을 변경했다. 이제 권한 요청 대화창은 전체화면으로 출력되며 무시하거나 건너뛰지 못한다(**그림 6.5**).

권한 요청 대화창에서 건너뛰는 선택지가 사라진 것을 사소한 변화라고 생각할 수 있겠지만, 이로 인해 웹사이트는 변화를 강요받는다. 사용자가 권한 요청을 차단하는 경우 치러야 할 비용이 크게 높아지기 때문이다.

사용자가 한 번 권한 요청을 차단하면 다시는 요청할 수 없다. 그렇다. 게임 끝. 당신의 패배이다.

이로 인해 권한 요청을 사용자가 동의할 만하다는 확신이 충분해진 수준에서 하는 것이 매우 중요해졌다. 그 기준은 다양할 것이다. 웹사이트 체류 시간, 재방문 횟수, 특정 페이지 방문, 결제 완료 등은 모두 사용자가 푸시 알림을 원할 것이라고 볼 수 있는 지표가 될 수 있다.

트위터가 푸시 알림 권한을 요청하는 방식은 교과서에 실릴 만한 모범 사례이다. 먼저 트위터는 사용자가 알림 탭을 열었을 때만 푸시 알림 권한을 요청한다. 그다음으로 트위터는 브라우저에 권한을 바로 요청하지 않고, 사용자가 푸시 알림을 왜 받아야 하는지

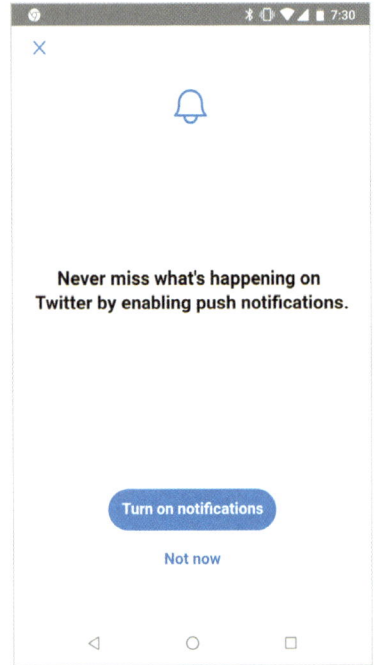 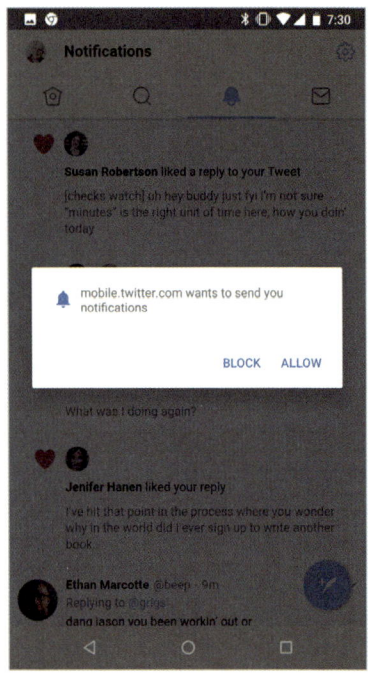

그림 6.6 트위터는 사용자가 알림 탭을 열어 푸시 알림 켜기 버튼을 눌렀을 때(왼쪽)에만 브라우저에 푸시 알림 권한을 요청한다(오른쪽).

설명하는 화면을 먼저 보여준다. 마지막으로 사용자가 푸시 알림 켜기 버튼을 눌렀을 때 비로소 브라우저에 푸시 알림 권한을 요청하는 코드를 실행한다(그림 6.6).

트위터의 사례를 일반화해 사용자에게 푸시 알림 발송 권한을 정중하고도 효과적으로 요청하는 방법을 네 단계로 정리해보자.

1. 사용자가 동의할 거라고 확신할 수 있는 근거가 생겼을 때 요청한다.
2. 푸시 알림으로 무엇을 할 것인지에 관한 정보를 제공한다.

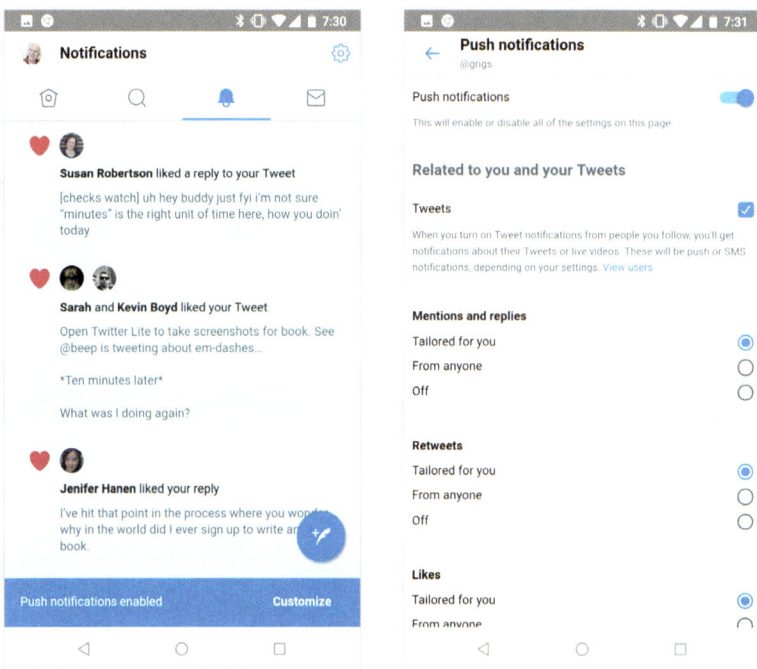

그림 6.7 트위터에는 사용자가 구독하고 싶은 푸시 알림을 설정하는 페이지 링크가 있다(왼쪽). 덕분에 사용자가 알림을 완전히 차단하는 대신 받고 싶은 알림을 꼼꼼히 설정할 가능성이 높다(오른쪽).

3. 사용자가 푸시 알림을 받고자 하는 경우 해야 할 동작을 제공한다.
4. 사용자가 그에 반응했을 때에만 브라우저의 권한 요청 대화창을 띄운다.

앞의 네 단계를 따르면 사용자가 푸시 알림을 구독할 확률이 높아지고 웹사이트를 차단할 가능성이 크게 줄어든다.

사용자에게서 푸시 알림을 허락받았어도 아직 끝난 것이 아니다. 사용자가 알림을 설정할 수 있게 하는 일이 남았다.

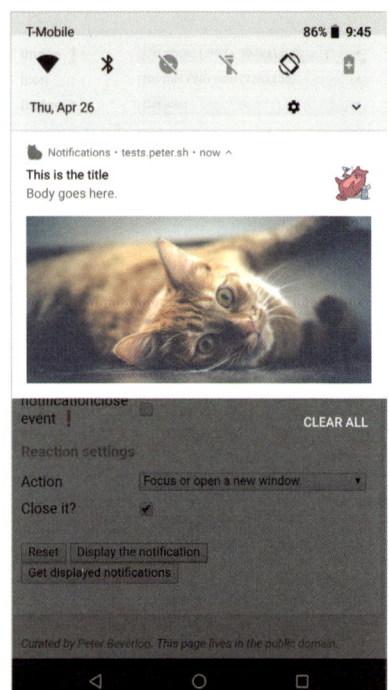

그림 6.8 푸시 알림에 아이콘, 상태 막대에 표시할 배지, 그림 등을 넣을 수 있다. 대부분의 회사가 푸시 알림에서 제공하는 디자인 요소를 온전히 활용하지 못하고 있다.

사용자가 푸시 알림의 설정을 수정하거나 아예 끌 수도 있게 해주어야 한다. 이는 사용자를 존중하는 일일 뿐 아니라 사업에도 현명한 방식이다. 여러분이 이런 설정을 제공하지 않으면 사용자는 브라우저 설정을 이용해 여러분의 웹사이트에서 푸시 알림을 차단할 것이다. 그 시점부터 그 사용자와 푸시 알림을 통한 커뮤니케이션은 불가능해진다.

트위터에서 또 다른 모범 사례를 살펴보자. 사용자가 푸시 알림 서비스를 등록하면 바로 등록에 성공했다는 메시지를 보여준다. 그리고 이 메시지에서 수신할 푸시 알림의 종류를 설정할 수 있는 설정 페이지로 가는 링크를 안내한다(그림 6.7).

그림 6.9 브라질 회사 펫러브의 푸시 알림이다. 그림과 액션 버튼이 있어 돋보인다.

그림 6.10 푸시 알림에서 사용자에게 선택지를 제공하고 그 선택에 따라 다른 동작을 수행하도록 할 수 있다.

푸시 알림 디자인하기

우리는 푸시 알림을 단순한 텍스트 나열이라고 생각하는 경향이 있다. 즉 디자인할 것이 별로 없다는 것이다. 하지만 꼭 그렇지만도 않다. 브라우저와 플랫폼에 따라서 하얀색 상자에 단어를 나열한 것 이상의 푸시 알림을 디자인할 수도 있다.

푸시 알림에는 다음 몇 가지 디자인 요소를 적용할 수 있다.

- 알림의 제목(title)과 본문(body)을 설정할 수 있다. title은 크고 굵은 글꼴로 출력된다.
- 텍스트를 왼쪽에서 오른쪽으로 기술할 것인지, 오른쪽에서 왼쪽으로 기술할 것인지 설정할 수 있다.
- 푸시 알림에 포함할 아이콘을 설정할 수 있다. 안드로이드에서는 상태 막대에 출력되는 배지도 설정할 수 있다(그림 6.8).
- 푸시 알림에 그림도 넣을 수 있다. 펫러브의 푸시 알림을 보면 그림을 넣은 덕분에 다른 알림보다 훨씬 돋보인다(그림 6.9). 플랫폼마다 그림을 잘라내는 방식이 다르고, 그림을 아예 출력하지 않는 플랫폼도 있으니 유의하자.

또한 디자인은 시각적 요소에만 국한되는 것이 아니다. 푸시 알림이 수신되었을 때 진동을 발생시키거나 원하는 소리를 재생할 수도 있다. 하지만 이를 잘 활용하는 회사는 아직 보지 못했다.

알림을 받고 사용자가 해야 할 행동(액션)을 지정할 수도 있다. 지정한 행동은 제목, 아이콘과 함께 버튼으로 출력된다(그림 6.10). 브라우저는 버튼의 수를 네이티브 UI에 맞출 수 있는 정도로 제한한다. Notification.maxActions 속성을 확인해 몇 개까지 넣을 수 있는지 검사해야 한다.

아쉽지만 모든 브라우저가 이 기능들을 다 지원하지는 않는다. 심지어 일부 브라우저는 플랫폼에 따라 동작이 다르다. 다행히 자바스크립트를 이용해 지원되는 기능을 확인할 수 있다. 예를 들어, 브라우저에서 행동 지정을 지원하는지 확인해 버튼을 두 개 출력

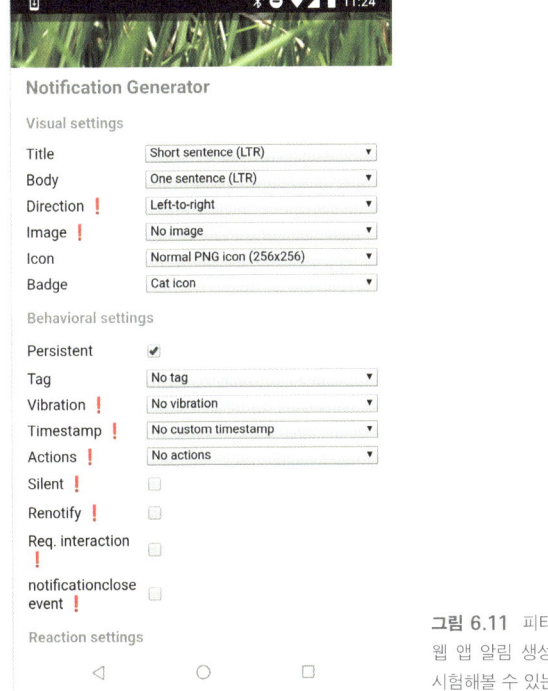

그림 6.11 피터 비버루가 만든 프로그레시브 웹 앱 알림 생성기. 다양한 푸시 알림 옵션을 시험해볼 수 있는 훌륭한 도구이다.

하되, 브라우저가 행동 지정을 지원하지 않는다면 버튼이 두 개 들어 있는 웹 페이지로 링크하는 것이다.

 푸시 알림을 디자인할 때 사용할 수 있는 여러 가지 기능을 두루 알아보고 싶다면 '알림 생성기Notification Generator'를 써보자(http://bkaprt.com/pwa/06-05/)(**그림 6.11**). 알림 생성기는 푸시 API 명세를 작성한 사람 중 한 명인 피터 비버루Peter Beverloo가 만든 프로그레시브 웹 앱이다. 이 앱에서 여러 가지 옵션을 켜고 끄면서 무엇이 가능하고 어떻게 보이는지 확인할 수 있다.

 웹에서의 푸시 알림은 새로운 영역이다. 그래서 브라우저마다 구현 방식과 권장 사항이 통일되지 않은 부분이 많다. 구글의 엔지니

어 매트 곤트Matt Gaunt가 "웹 푸시 북Web Push Book"에 이에 관한 글을 썼는데 인터넷에서 읽어볼 수 있다(https://www.gauntface.com). 매트의 글에서 알림 기능이 아직 성숙하지 못하다는 지적을 볼 수 있다. "슬프지만 아이콘으로 사용할 그림의 크기가 얼마여야 하는지 정확한 기준이 없다." 그리고 "데스크톱과 모바일의 화면비 차이가 커서 기준을 제시하기가 매우 어렵다." 나는 이 말을 다양한 플랫폼과 장치에서 충분히 테스트해야 한다는 경고로 해석한다.

기준이 통일되지 않았다고 해서 낙심할 필요는 없다. 어떤 브라우저가 푸시 알림을 가장 기초적인 수준으로만 지원한다 하더라도 푸시 알림을 구현해 사용자를 프로그레시브 웹 앱으로 돌아오도록 할 수 있다면 노력이 아깝지 않다. 2장에서 언급한 것처럼 푸시 알림을 도입해 매출과 사용자 참여를 높인 회사가 많다.

푸시 알림을 발송할 때의 책임감

브라우저 제조사들은 푸시 알림을 모든 웹사이트에 열어주는 것이 과연 적절한지 의심을 품고 있다. 그럴 만도 하다. 사용자들은 이미 푸시 알림에 짜증이 나 있는데 이제 웹사이트에서도 사용자가 방문하는 곳마다 푸시 알림을 등록해 달라고 요청한다면 더욱 화가 날 수도 있기 때문이다. 게다가 대부분의 웹사이트는 권한을 요청하기 전에 충분한 신뢰를 쌓는 것조차 하지 않으니 더 심각한 일이다.

모질라는 파이어폭스 버전 59부터 푸시 알림, 마이크, 카메라, 위치 정보 등의 권한 요청을 사용자가 모두 차단할 수 있는 기능을 추가했다. 앞서 크롬도 이와 비슷한 방향으로 권한 요청 방식을 변경했다고 말한 바 있다. 이는 웹사이트가 사적인 정보를 불필요하게 요청하는 것에 대해 사용자들이 피로감을 느끼고 있음을 인정한 것이다.

일부 브라우저 개발자들은 푸시 알림 수신율을 비롯해 웹사이트가 푸시 알림을 책임감 있게 발송하고 있는지 확인하기 위한 지표를 조사하고 있다. 아마도 나중에는 푸시 알림의 평점이 나쁜 회사는 권한 요청을 하기도 전에 차단될지도 모르겠다.

이런 과정을 지켜보는 마음이 무겁다. 그동안 그토록 요구해오던 기능이 마침내 웹에 도입되었는데 도입되자마자 웹 개발사가 기능을 남용하기 시작하고, 사용자를 보호하기 위해 브라우저 제조사가 기능을 차단하도록 만드는 상황이니 말이다. 브라우저 제조사를 탓하기는 어렵다. 웹 개발사가 더 신중했어야 한다.

그러니 잘하자. 푸시 알림 라이브러리를 그냥 갖다 붙이지도, 처음 방문한 사용자에게 권한을 요청하지도, 사용자가 끌 수도 없는 스팸 메시지를 끊임없이 보내지도 말자. 그러지 않으면 여러분의 사업은 망가지고, 고객은 짜증 나게 되고, 푸시 알림을 올바른 용도로 사용하는 사람들까지 위험에 빠트리게 될 것이다.

사용자에게 통제권을 주자. 권한 요청은 적절한 시점에 하자. 푸시 알림을 발송하는 방법, 이유, 시기를 잘 판단하자. 푸시 알림에 예의와 가치를 부여한다면 푸시 알림은 웹을 제공하고 웹을 사용하는 모든 사람에게 효과적인 도구가 될 수 있다.

프로그레시브 웹 앱 너머의 기능

앞서 설명했듯이 프로그레시브 웹 앱은 그 정의가 다양하고 포괄적이다. 어디에 초점을 두는지에 따라서 달라진다. 그래서 최신 웹 기술 중에는 엄밀히 말해 프로그레시브 웹 앱에 속하지 않지만 프로그레시브 웹 앱과 함께 언급되는 것들이 많다.

이 기술들이 프로그레시브 웹 앱의 정의에 맞든 아니든 프로그레시브 웹 앱을 조사하다보면 이런 기술들을 함께 사용해야 한다는 의견을 접할 가능성이 크다. 프로그레시브 웹 앱과 이 기술들이 같은 목표를 갖고 있기 때문이다. 더 빠르고 부드러운 사용자 경험을 제공하는 목표 말이다.

프로그레시브 웹 앱과 함께 사용되는 최신 웹 기술 가운데 세 가지를 자세히 살펴보자. AMP, 자격 증명 관리 API(Credential Management API), 결제 요청 API 그리고 이와 관련된 요소들이다.

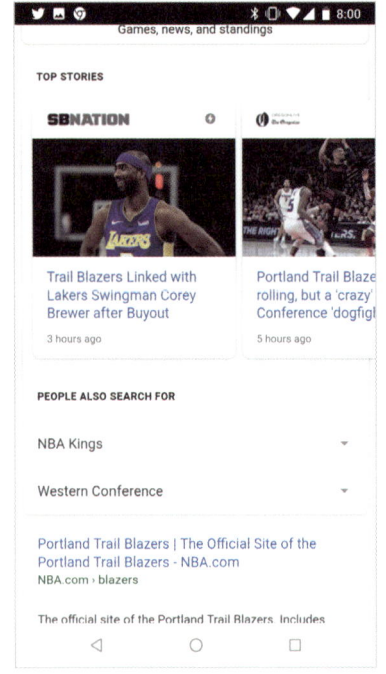 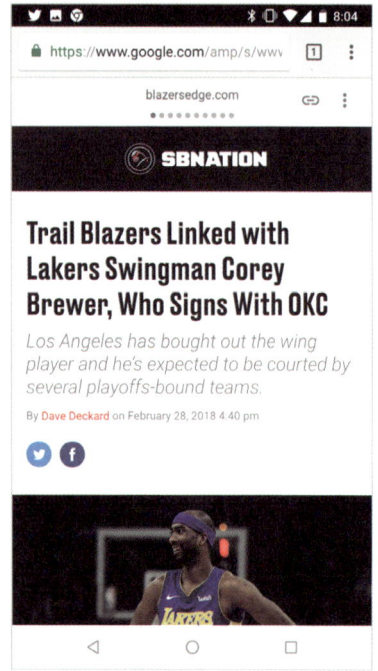

그림 7.1 구글 검색 결과, 화면은 AMP를 적용한 기사를 카드 형태로 추천 기사Top Stories 영역에 배치한다(왼쪽). 그리고 이 기사는 구글의 AMP 리더 캐러셀에서 출력된다(오른쪽).

AMP

가속 모바일 페이지Accelerated Mobile Pages: AMP는 구글이 웹 페이지 로드 속도를 더 높이기 위해 추진하는 프로젝트이다(http://bkaprt.com/pwa/07-01/). AMP는 고유 HTML 양식을 사용하며 이 양식에는 담을 수 있는 내용이 제한돼 있다. 이 제한 덕분에 웹 페이지를 빠르게 로드하고 그릴 수 있다.

여러분은 이미 구글 검색 결과에서 AMP 적용 페이지를 본 적이 있을 것이다. AMP를 적용한 기사는 일반 검색 결과보다 위에 배치되며 작은 번개 아이콘이 붙는다(그림 7.1). 이는 뉴스 웹사이트에만 해당되지 않는다. 구글은 "구글 검색 결과에서 AMP 적용 페이지 클릭 수의 60%를 넘는 양이 뉴스 외 페이지로 연결된다"라고 말했다(http://bkaprt.com/pwa/07-02/). 트위터나 페이스북 같은 앱도 모바일 기기에서 빠르게 작동할 수 있는 AMP 페이지를 적용하기 시작했다.

구글은 2018년 AMP 콘퍼런스에서 50억 개가 넘는 AMP 적용 페이지가 있다고 발표했다(http://bkaprt.com/pwa/07-02/). 이 수치만 봐도 AMP의 성공을 확인할 수 있다면서. 모바일 기기에서 빠르게 로드되는 페이지가 수십억 개 있다고 하니 확실히 반박의 여지가 없다.

AMP의 난제

그러나 AMP는 웹의 연결성과 유용성을 저해한다는 문제가 있다. 더 빠른 웹 경험을 지향하는 것은 칭찬할 만하다. 그러나 이로 인해 검색 결과가 두 계층으로 나뉘는 데다 상위 계층에 들어가려면 AMP를 적용할 수밖에 없다. 구글이 검색 시장에서 가진 독점적 지위 때문에 모두가 구글이 정한 기준을 강요받는 것이다.

구글 검색 결과에서 AMP가 구현된 방식도 웹 탐색 방식에 문제가 된다. 구글의 AMP 캐러셀에 출력되는 콘텐츠는 콘텐츠 제공자의 사이트가 아니라 구글의 CDN에서 제공된다. 주소 막대에서 URL을 복사하면 원본 문서가 위치한 URL이 아니라 구글의 URL이 복사된다. 게다가 AMP 적용 페이지는 원본 사이트나 브랜드를 무시하고 모두 동일한 표준 디자인이 적용된다. 그래서 뉴스를 제공한 사이트의 평판이 좋은지 아닌지를 분간하기 어려워진다 (http://bkaprt.com/pwa/07-03/).

AMP 캐러셀 구현에는 버그도 있다. 특히 iOS 사파리에서 심하다. AMP 캐러셀은 상태 막대를 터치해서 페이지의 상단으로 되돌아가는 기능을 망가트리며, 페이지 내 검색 기능도 비활성화한다. 그리고 AMP 캐러셀이 별도 페이지로 인식되지 않는 경우가 많다. 검색 결과 중 전 항목으로 이동하려고 스와이프하면 검색 결과 페이지 전의 페이지로 이동돼 검색어를 다시 입력해야 하는 문제가 생긴다.

AMP와 그에 대한 구글의 우선 정책에 대한 커뮤니티의 우려가 커지자 나를 포함한 수백 명의 웹개발자들이 공개서한에 연서해 구글로 보내기에 이르렀다(http://bkaprt.com/pwa/07-04/). 구글은 2018년 3월에 그에 대한 답변을 발표했다. AMP에서 얻은 교훈을 일반화해 검색 캐러셀과 기타 기능을 AMP 비적용 콘텐츠에도 지원하도록 해보겠다고 말이다.

AMP 비적용 콘텐츠를 AMP 적용 콘텐츠와 동일하게 대우하겠다는 구글의 약속이 지켜질지는 더 두고 봐야 안다. 이를 위해서는 구글이 다른 브라우저 제조사를 설득해서 AMP 비적용 페이지를 위한 표준안을 정의해야 한다. 그래서 이 발표 이후에도 웹개발자들 사이에는 회의적인 시각이 많다.

AMP 적용하기

AMP에 문제점이 이렇게 많은데도 사용해야 할 이유가 있을까? 난감한 주제이다. 구글이 웹사이트 유입량에 끼치는 영향력이 워낙 크다 보니 다수의 회사는 구글이 "까라면 까야" 하는 처지다. 차트비트Chartbeat의 조사에 따르면 "동일한 시기의 모바일 구글 검색을 통한 유입량이 AMP를 적용한 고객사에서 100% 이상 증가했다. 반면 AMP 비적용 고객사는 변화가 없었다"(http://bkaprt.com/

pwa/07-05/). AMP를 반대하는 회사가 아무리 많아도 대놓고 반대하기는 어려울 것이다.

여러분의 회사에서 AMP를 적용하고자 한다면, 이것을 이용해 프로그레시브 웹 앱이 더 빠르게 실행되도록 할 수 있다. 프로그레시브 웹 앱과 AMP를 연동하는 것인데, 두 가지 방법이 있다.

첫 번째, `amp-install-serviceworker`라는 AMP 구성 요소를 이용하는 것이다. 이 방법으로 사용자가 AMP 적용 페이지를 보는 동안 백그라운드에서 프로그레시브 웹 앱의 서비스 워커를 설치할 수 있다. 그리고 이어서 서비스 워커가 프로그레시브 웹 앱에 필요한 자원을 다운로드할 수 있다. 사용자가 AMP 적용 페이지에서 실제 웹사이트로 이동하면 프로그레시브 웹 앱이 바로 실행될 것이다. 이 방법은 구글이 캐시해놓은 AMP 적용 페이지를 구글의 AMP 캐러셀에서 볼 때도 작동한다.

두 번째, AMP 팀이 제안한 것인데 AMP용 문서를 앱 셸의 콘텐츠 컨테이너로 사용하는 것이다. 그러면 프로그레시브 웹 앱이 AMP 뷰어와 마찬가지가 된다. 동일한 AMP용 문서를 검색 결과에서도 사용하고 프로그레시브 웹 앱에서도 사용할 수 있다.

그러나 프로그레시브 웹 앱을 AMP 콘텐츠 컨테이너로 사용하면 앱이 AMP에 더욱 종속될 것이며 그로 인한 제약도 늘어난다. 대부분의 회사는 이 제약을 받아들이기 힘들 것이다. 이 방법을 적용한 순간부터 AMP 적용 페이지와 웹사이트는 혼연일체가 돼버리며, AMP에 존재하는 제약이 무엇이든 웹사이트에도 똑같이 적용될 것이다. 나는 이 방법을 추천하지 않는다.

AMP의 존재는 우리가 빠르게 동작하는 웹사이트를 만드는 데 실패했다는 것을 증명한다. 웹 전문가들이 처음부터 성능에 초점을 맞추었더라면, AMP가 이렇게 주목받지 않았을 것이다. AMP가 해결해야 할 문제가 없었을 테니까.

하지만 웹사이트는 계속 느리고, AMP는 존재하며, AMP는 고려 사항에 포함되어야 한다. AMP 적용 페이지를 만들어야 한다면 이를 이용해 프로그레시브 웹 앱의 사용성을 더 높이도록 하자.

자격 증명 관리

웹사이트 로그인은 지금도 사용자에게 악몽으로 남아 있다. 사람들은 아이디와 패스워드를 기억하지 못할 때가 많다. 설령 기억한다 하더라도 입력하는 것이 또 고난이다. 입력한 글자가 보이지도 않는데 특수기호까지 입력하자니 너무 어렵다. 대부분의 사람들은 이 어려움을 피하기 위해 여러 웹사이트에서 동일한 패스워드를 사용한다. 그러면 사용자 계정의 보안 수준이 계정 정보를 저장하는 웹사이트 중 가장 취약한 곳의 보안 수준으로 하향평준화된다.

지난 몇 년간 브라우저 제조사들과 IT 회사들은 이 문제를 해결하기 위해 노력해왔다. 여러 장치에서 동기화되는 패스워드 관리 기능, 부가적인 보안 권장사항, 접속했던 웹사이트의 로그인 정보 자동입력 기능 등이 웹 브라우저에 추가된 것이다.

IT 회사들이 자격 증명 문제를 풀기 위해 시도한 방법으로 통합 로그인이 있다. 통합 로그인을 이용하면 다른 웹사이트(일반적으로 구글, 페이스북, 마이크로소프트 같은 거대 IT 기업)의 자격 증명을 이용해 로그인하는 것이 가능하다. 여기에는 여러 계정을 기억할 필요가 없어진다는 것 외에 보안이 더 강화된다는 장점도 있다. 거대 IT 기업에는 네트워크 보안과 악성 활동 탐지에 활용할 자원이 더 많기 때문이다. 일반 웹사이트 운영자들은 자격 증명을 저장하지 않아도 되기 때문에 보안 위험이 줄어든다.

패스워드 관리 기능과 통합 로그인 기능은 둘 다 로그인 절차를

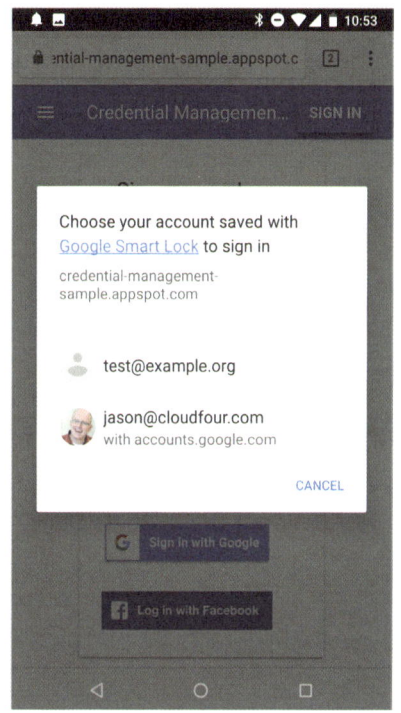

그림 7.2 사용자가 웹사이트 하나에 여러 개의 계정을 갖고 있는 경우, 어느 계정을 사용할 것인지 물어보는 대화창이 뜬다. 사용자가 계정을 선택하면 패스워드를 입력할 필요 없이 자동으로 로그인된다.

개선해준다. 웹사이트는 통합 로그인을 지원해야 하며, 로그인 양식에 자동입력에 필요한 속성을 추가해서 브라우저가 정보를 올바르게 자동입력할 수 있도록 해야 한다(http://bkaprt.com/pwa/07-06/). 그러나 이 방법을 적용한 후에도 로그인은 귀찮다.

자격 증명 관리 API를 이용하면 웹사이트에 재방문한 사용자를 자동으로 로그인시켜 이런 귀찮음을 해결할 수 있다. 이 기능은 브라우저의 패스워드 관리 기능을 토대로 실행된다.

웹사이트는 브라우저의 패스워드 관리자가 현재 웹사이트에 대한 자격 증명을 저장하고 있는지 검사할 수 있다. 사용자가 저장해둔 자격 증명이 존재한다면 웹사이트는 이 자격 증명을 요청할 수

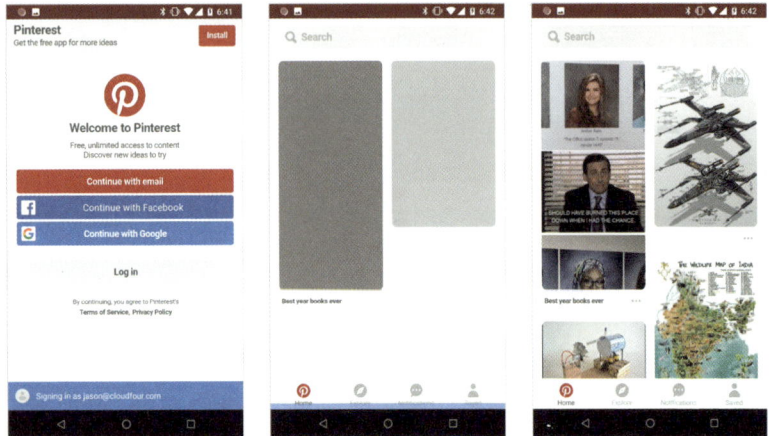

그림 7.3 핀터레스트는 이전에 로그인한 사용자는 아무것도 물어보지 않고 자동으로 로그인되도록 한다. 브라우저는 사용자가 사이트에 로그인했음을 알 수 있도록 가볍게 알림을 표시한다.

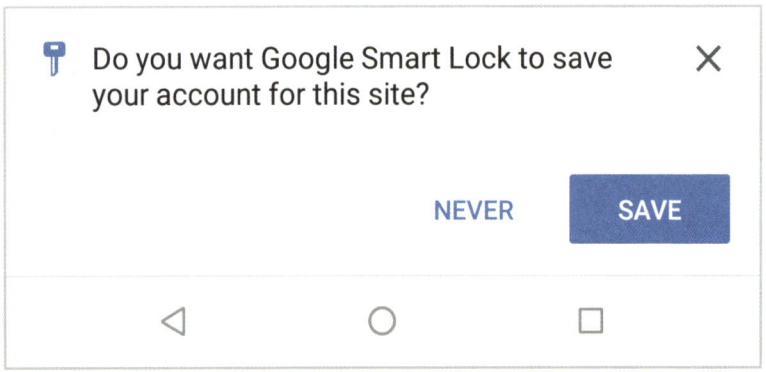

그림 7.4 사용자가 계정을 생성한 뒤, 패스워드 저장소에 사용자 자격 증명 저장을 브라우저에 요청할 수 있다.

있다. 그러면 브라우저가 사용자에게 작은 대화창을 띄워 그 계정으로 로그인할 것인지 확인을 받는다. 계정이 여러 개인 경우에는 사용자가 어느 계정을 사용할지 선택할 수 있다(그림 7.2). 이 방법은 웹사이트 전용 계정과 통합 로그인 계정에 모두 사용할 수 있다. 사용자가 계정을 선택하면 즉시 로그인된다.

한 걸음 더 나아가, 사용자가 웹사이트에 다시 방문하는 경우 동일한 API를 이용해 자동으로 로그인되게 할 수도 있다(그림 7.3). 이 방법은 사용자가 이전에 자격 증명 관리 API를 이용해 자동 로그인을 승인했으며 명시적으로 로그아웃하지 않은 경우에만 가능하다.

자격 증명 관리 API를 이용하면 계정을 새로 만든 사용자에게 계정을 저장할 것인지 물어볼 수도 있다. 그러면 패스워드 관리자에게 로그인 정보를 저장할 것인지 물어보는 대화창이 출력된다(그림 7.4).

자동 로그인은 전환율에 상당한 영향을 미칠 수 있다. 한 연구에 따르면, 92%의 사람이 로그인 정보를 기억하지 못했을 때 비밀번호를 재설정하지 않고 그냥 웹사이트를 나가버린다고 답했다. 또 그중 3분의 1의 사람이 로그인 정보가 기억나지 않아서 웹사이트를 떠나는 일이 잦다고 답했다(http://bkaprt.com/pwa/07-07/, PDF).

자격 증명 관리 API로 로그인 절차를 간소화해 성과를 거둔 회사가 많다. 예를 들어 쇼핑몰 회사 알리익스프레스는 로그인 실패율을 85% 낮췄다(http://bkaprt.com/pwa/07-08/).《가디언》은 두 개 이상의 기기로 로그인한 사용자가 44% 증가했다(http://bkaprt.com/pwa/07-09/).

자격 증명 관리 API의 가장 큰 단점은 현재 이를 지원하는 브라우저가 크롬, 오페라, UC 브라우저뿐이라는 점이다.[1] 애플은 API 구현을 이제 막 시작했고 모질라와 마이크로소프트는 아직 도입을 검토 중이다.

그러나 지원하는 브라우저가 적더라도 점진적 향상 전략을 적용

---

1 2020년 현재 엣지, 파이어폭스, 안드로이드 브라우저, 삼성 브라우저도 지원하고 있다.

하면 문제가 되지 않는다. 자격 증명 관리 API의 예제와 사용법은 모두 일반적인 가입 절차와 로그인 절차를 상정하며, 브라우저가 API를 지원할 때만 향상된 기능을 제공하는 방식이다. 사실 점진적 향상 전략을 따르지 않으면 이 API를 사용하는 것이 불가능하다. 이미 저장된 로그인 정보의 사용을 사용자가 불허하는 경우를 고려한다면 말이다. 점진적 향상 전략을 따르면, 다른 사용자를 소외시키지 않고도 자격 증명 관리 API를 지원하는 브라우저에서 더 나은 로그인 경험을 제공할 수 있다.

웹 인증 API^{Web Authentication API: WebAuthn}는 생체 인식 장치나 유비키^{Yubikey} USB 장치 같은 외부 인증 장치를 지원하기 위해 자격 증명 관리 API를 확장한 것이다(http://bkaprt.com/pwa/07-10/). 즉 웹 인증을 이용하면 기기에서 지원하는 지문 인식기나 안면 인식기 등을 이용한 웹사이트에 로그인할 수 있다(http://bkaprt.com/pwa/07-11/). 이 표준이 널리 구현된다면 패스워드를 타이핑하는 일은 드문 광경이 될 수도 있다.

사용자들은 빠른 로그인과 로그인 상태 유지 기능이 네이티브 앱에 당연히 있을 것이라고 생각한다. 그리고 프로그레시브 웹 앱에도 마찬가지 기대를 할 것이다. 자동입력, 통합 로그인, 자격 증명 관리 API를 이용해 로그인 절차를 최대한 간소화하는 데 시간을 투자해야 한다.

결제 요청

사용자 앞에 놓인 장벽이 로그인 절차뿐일까? 쇼핑몰 웹사이트의 결제 절차도 문제가 된다. 대개 청구지 정보, 배송지 정보, 결제 수단 정보 등을 다 입력해야 하는데 매우 귀찮은 일이다. 자격 증

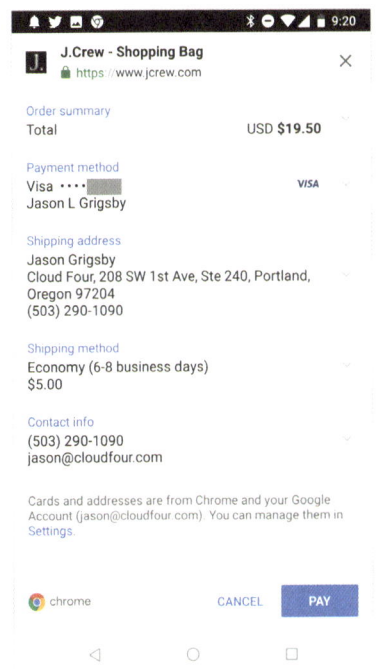
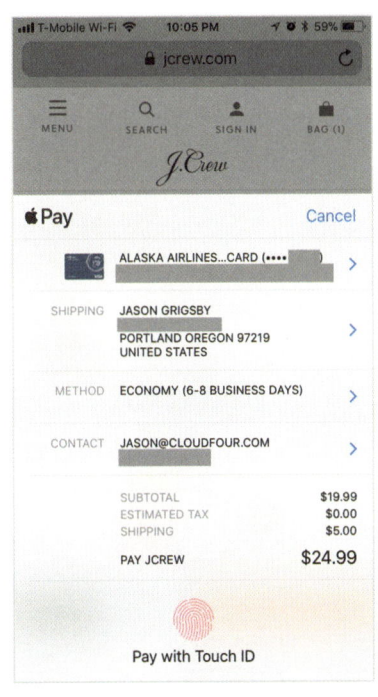

그림 7.5 결제 요청 API는 사용자가 기기에 저장해둔 신용카드 정보를 빠르고 쉽게 사용할 수 있게 해준다.

그림 7.6 제이크루의 웹사이트는 결제 요청 API를 사용한다. 안드로이드뿐 아니라 iOS에서도 동작한다. 그런데 내가 스크린샷을 찍으려다 실수로 양말을 주문해버렸다. iOS에서는 스크린샷을 찍을 때 홈 버튼을 눌러야 하는데, 이 버튼은 지문인식기로도 쓰이기 때문에 스크린샷이 찍히기 전에 결제가 완료돼버린 것이다.

명 업체 주미오Jumio의 연구에 따르면 미국 성인의 56%가 모바일에서 장바구니에 담은 상품의 결제를 포기한다고 한다(http://bkaprt.com/pwa/07-12/). 또한 베이머드 연구소Baymard Institute에서는 장바구니 단계에서 결제를 포기하는 비율이 평균 69%라는 사실을 알아냈다(http://bkaprt.com/pwa/07-13/). 결제 절차를 간소화한다면 이런 유실률을 낮추고 매출을 늘릴 수 있을 것이다.

7장 프로그레시브 웹 앱 너머의 기능 **155**

그래서 필요한 것이 결제 요청 API$^{Payment Request API}$이다. 결제 요청 API를 이용하면 사용자가 브라우저에 저장된 신용카드 정보와 주소 정보를 이용해 결제 과정을 빠르게 진행할 수 있다(그림 7.5). 브라우저에 따라서는 지문 인식만으로 결제를 끝낼 수도 있다.

현재 결제 요청 API를 지원하는 브라우저로는 엣지, 크롬, 삼성 브라우저, 오페라가 있다. 파이어폭스는 아직 개발 중이다.[2]

원래 애플은 자신들만의 결제 절차를 개발했다. 애플 페이 온 더 웹$^{Apple Pay on the Web: Apple Pay}$ 또는 애플 페이 JS$^{Apple Pay JS}$라고 불리는 것이었다(http://bkaprt.com/pwa/07-14/). 그런데 애플이 애플 페이 온 더 웹을 발표한 날, 웹키트 팀의 테리사 오코너$^{Theresa O'Connor}$는 결제 요청 API를 작업 중이던 W3C 그룹에 이메일을 보냈다. 애플이 애플 페이에서 배운 바를 W3C 그룹에 나누고 싶다는 내용이었다(http://bkaprt.com/pwa/07-15/). 애플이 그 말을 지켜서 iOS 11.3에 결제 요청 API 지원이 추가되었다. 더 낮은 iOS 버전을 지원하고 싶다면 구글이 만든 애플 페이용 결제 요청 API 래퍼를 사용할 수 있다(http://bkaprt.com/pwa/07-16/).

결제 요청 API의 기술적인 구현 방법은 표준화되었지만 요구사항과 사용자 경험은 플랫폼마다 다를 수 있다. 예를 들어 애플은 애플 페이를 사용하는 판매자에게 인증을 요구하며, 부적절한 이용 시 허가가 취소된다. 삼성과 애플은 지문 인식을 이용한 결제를 허용하지만 아직 모든 브라우저가 지문 인식을 지원하지는 않는다. 코드 측면에서는 좋은 소식이 있는데, 브라우저의 API 구현 방식과 관계없이 모두 동일한 API를 사용할 수 있다는 것이다.

여러분의 웹사이트에 결제 단계가 있다면 결제 요청 API를 구현함으로써 이익을 볼 가능성이 크다. 퓨어포뮬러스^{PureFormulas}는 결

---

2 2020년 현재 파이어폭스, 사파리도 지원한다.

제 요청 API를 구현한 뒤 프로그레시브 웹 앱의 "결제 과정이 네 배 빨라졌고 필요한 클릭 수가 절반으로 줄었다"라고 밝혔다(http://bkaprt.com/pwa/07-17/). 캠프모어Campmor는 장바구니 유실이 65% 줄어들었고, 결제 완료가 10% 증가했다(http://bkaprt.com/pwa/07-18/). 제이크루J.Crew는 결제에 소요되는 시간이 평균 75% 줄었다(http://bkaprt.com/pwa/07-19/). 제이크루의 결제 절차가 얼마나 빠르고 효율적인지는 내가 증언할 수 있다. 이 책에 사용할 스크린샷을 찍으려다가 실수로 양말을 사 버린 것이다(그림 7.6).

아직 결제 요청 API를 지원하지 않는 브라우저도 있다. 이런 브라우저에서 사용자가 파일에 입력해둔 주소와 신용카드 정보가 자동입력되도록 웹사이트의 결제 양식에 자동입력 관련 속성을 지정해두어야 한다(http://bkaprt.com/pwa/07-06/). 하지만 브라우저 제조사들이 결제 요청 API를 폭넓게 그리고 열의 있게 지원하고 있으므로, 사용자가 구매를 위해 방대한 양식을 작성하도록 강요받는 일은 조금 있으면 끝날 것이다.

레벨 업

지난 몇 년간 웹은 어마어마하게 발전했고 할 수 있는 일도 역대 최고로 많아졌다. 그러나 이런 진화가 일어났다는 것을 모르는 사람이 많다. 바로 그 안에 프로그레시브 웹 앱의 진가가 들어 있다. 회사들이 자기 웹사이트를 완전히 새로운 방식으로 바라보게끔 추동하는 것이다.

그런 이야기를 나누다보면 엄밀하게는 프로그레시브 웹 앱에 속하지 않는 기능까지 살펴보게 된다. 결제 요청, 자격 증명, AMP, 브라우저의 새로운 기능 등 여러 기술은 우리가 프로그레시브 웹 앱에서 꿈꾸는 것들을 지원해줄 수 있다.

우리는 이런 주제에 대한 토론을 환영해야 하며, 프로그레시브 웹 앱을 HTTPS, 서비스 워커, 매니페스트 파일에만 한정해서는 안 된다. 여러 기술을 결합하여 이전에 불가능했던 새로운 경험을 만들어낼 때 가장 많은 것을 얻을 수 있을 것이다.

8 점진적 로드맵

프로그레시브 웹 앱에는 설레는 것이 참 많지만 이 점이 오히려 부담이 될 수도 있다. 기존 웹사이트에서 출발해 오프라인 기능과 푸시 알림 발송 기능을 갖춘 프로그레시브 웹 앱에 도달하는 길을 찾기가 힘들 수 있다.

하지만 좌절 금지! 프로그레시브 웹 앱의 숨겨진 장점 중 하나가 바로 지금 당장 시작해서 기능을 조금씩 추가해도 된다는 것이다. 우리 회사 클라우드포에서 프로그레시브 웹 앱을 만들 때도 그렇게 했다(그림 8.1).

여러분도 기능을 조금씩 완성해서 내놓는 방식으로 자신만의 프로그레시브 웹 앱 개발 로드맵을 만들 수 있다. 각 단계마다 어떤 식으로든 사용자에게 이익이 되어야 한다. 계획은 현재 웹사이트 상태에 따라 다음과 같이 네댓 개의 단계로 구성될 수 있다.

그림 8.1 우리는 클라우드포에서 프로그레시브 웹 앱의 기능들을 조금씩 완성해 출시했다.

- 목적지 정하기
- 기술 부채 확인하기
- 최소 수준의 프로그레시브 웹 앱 개발하기
- 프론트엔드 기능 추가하기
- 장래 계획하기

목적지 정하기

로드맵 작성의 첫 단계는 어디로 갈 것인지 알아내는 것이다. 프로그레시브 웹 앱의 기능들을 살펴보고, 사용자 이탈 모형[1](깔대기 모델)과 최적화가 필요한 핵심 부문에 근거해서 어떤 기능이 가장 알맞을지 판단해보자.

'웹 앱'이 무엇인지에 관한 공통된 정의가 없는 만큼 회사의 다른 구성원들이 '앱'을 무엇이라고 생각하는지 서로 맞춰볼 기회이기도 하다. 정의에 대해 합의를 이루고 공통의 목표를 세우는 것이 핵심이다.

이 단계에서는 여러분이 생각하는 것이 당장 가능한지를 따지지 마라. 핵심 제품에 푸시 알림을 도입해서 많은 고객을 유치할 수 있을 것 같다면 일단 적어보자. 그것을 구현하는 데 오랜 시간이 걸릴 수 있지만 적어도 만들고자 하는 것이 무엇인지는 알 수 있다.

브레인스토밍은 이해관계자들을 불러모아 프로그레시브 웹 앱이 회사에 잘 맞을지 이야기해볼 수 있는 좋은 기회이다. 현실의 제약에 얽매이지 않고 가능성에 대해 이야기 나누는 재미있는 자리로 만들자. 아이디어가 그림의 떡 같은 것이고 먼 훗날에나 실현 가능한 것이라도 로드맵에 적어보자. 그래야 나중에 방향이 틀어지

---

1 서비스의 각 단계마다 사용자가 일정한 비율로 줄어드는 모형. 사용자가 급감하는 구간을 찾아내 개선하기 위한 용도로 쓰인다.

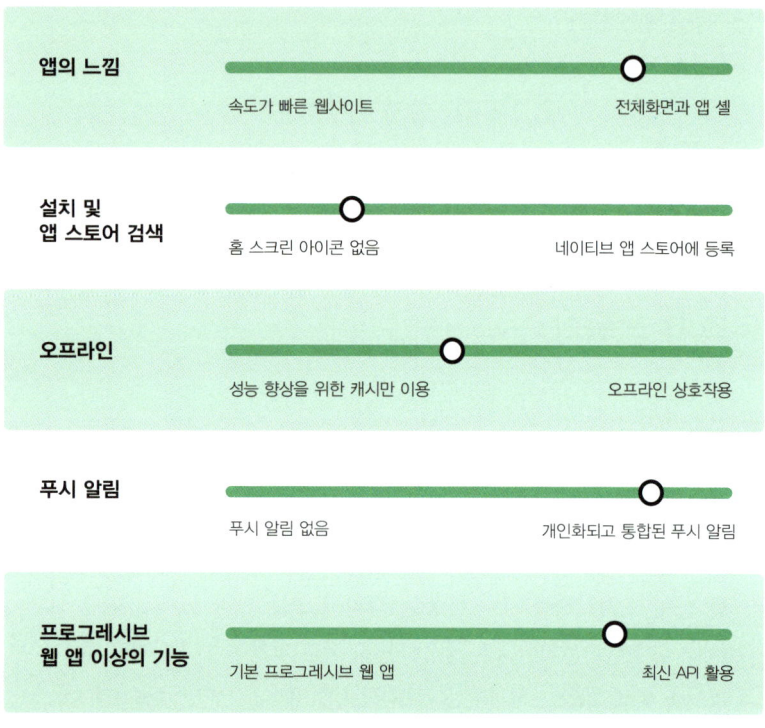

그림 8.2 쇼핑몰 회사의 이상적인 프로그레시브 웹 앱이 무엇인지 점의 위치로 그려낸 차트

지 않는다. 모든 사람이 발언권을 누릴 수 있도록 하면 나중에 여러분의 계획을 승인받을 때도 도움이 될 수 있다.

엄밀히 따졌을 때 프로그레시브 웹 앱의 구성 요소가 아닌 다른 웹 표준을 사용할 수도 있다는 사실을 잊지 말자. 쇼핑몰 웹사이트를 운영하고 있다면 결제 요청 API 도입을 여러분의 프로그레시브 웹 앱 기능 목록에 넣어야 할 가능성이 높다.

브레인스토밍할 때 이 책에서 살펴본 요소들을 고려하기 바란다.

- 네이티브 앱과 얼마나 비슷해야 할까?

- 앱을 설치할 수 있어야 할까? 앱 스토어에서 검색할 수 있어야 할까?
- 오프라인 기능을 도입하면 사용자에게 어떤 도움이 될까?
- 푸시 알림을 어떻게 이용해야 사용자 재방문을 이끌어올 수 있을까?
- 프로그레시브 웹 앱 이상의 추가 기능을 제공해서 사용자에게 이익을 줄 수 있을까?

이것들을 구현하는 데는 가장 간단한 버전부터 복잡한 버전까지 다양한 방법이 있다. 각 기능이 여러분의 핵심 지표에 어떤 영향을 미칠까? 어떤 기능이 가장 큰 영향을 줄까? 각 기능을 어느 정도로 구현해야 여러분에게 이상적인 프로그레시브 웹 앱이 될 수 있을까?(그림 8.2)

프로그레시브 웹 앱이 무엇이 될 수 있는지에 관해 브레인스토밍을 모두 마쳤다면 이제 우선순위를 따져볼 수 있다. 우리는 KJ법 KJ-Method[2]을 매우 좋아한다. KJ법은 가장 중요한 기능이 무엇인지 식별하고, 분류하고, 투표할 수 있는 효율적이고 민주적인 절차이다 (http://bkaprt.com/pwa/08-01/).

우선순위를 정하는 데에만 시간을 허비하지 말자. 이 단계의 목표는 로드맵의 순서를 결정하는 것이 아니다. 로드맵의 순서는 구현에 필요한 기술적 문제나 사용자 경험 측면의 필요에 더 크게 영향을 받을 것이다. 이 단계가 끝날 때쯤 이루어져야 할 것은 프로그레시브 웹 앱이 어떤 형태여야 하는지에 대한 합의와 여러분이 나아갈 수 있는 목적지를 정하는 것이다.

---

2 창조성을 키우기 위한 훈련 방법의 하나. 문제를 정리하고 해결책을 발견해내는 데 유용한 기법이다.

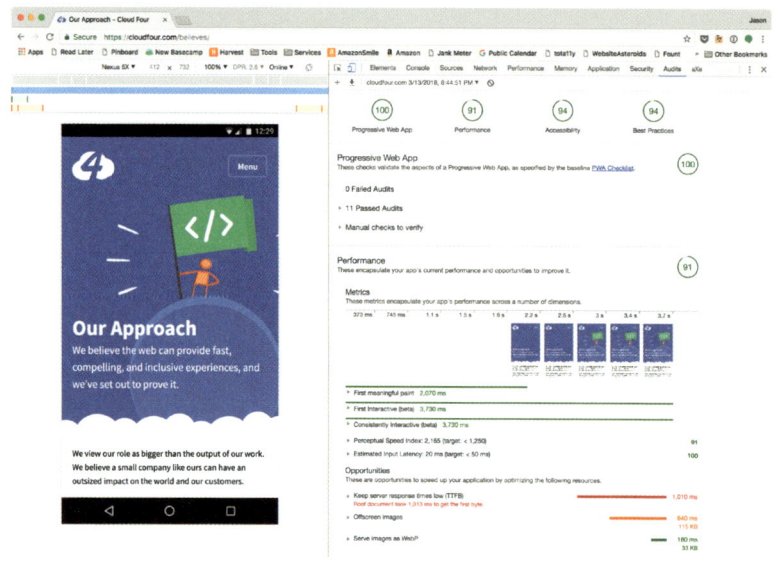

그림 8.3 크롬 개발자 도구의 품질감사 탭에서 사용할 수 있는 라이트하우스를 이용해 웹사이트의 상태를 감사하고 개선사항을 확인할 수 있다.

기술 부채 확인하기

모든 웹사이트가 프로그레시브 웹 앱이 됨으로써 수혜를 누릴 수 있지만 여행을 떠나기 전에 몇 가지 집안 단속이 필요할 수도 있다.

특히 현재 웹사이트의 성능과 사용성을 일정한 수준으로 높이는 것이 필요하다. 빠른 3G 네트워크에서 웹사이트를 로드하는 데 30초 이상이 걸린다면 서비스 워커를 추가하는 것만으로는 다른 회사가 프로그레시브 웹 앱을 통해 얻는 것만큼의 장점을 발휘하지 못할 것이다. 서비스 워커는 두 번째 페이지부터 로드 속도를 높여준다는 것을 기억하기 바란다. 첫 번째 페이지가 그렇게 오래 걸린다면 두 번째 페이지에 접속할 사람이 얼마나 될까.

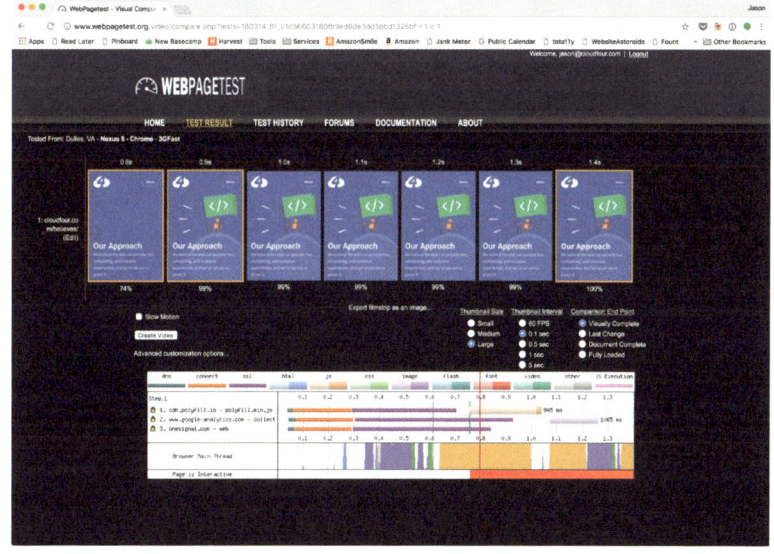

그림 8.4 웹페이지테스트는 훌륭한 무료 성능 테스트 서비스이다. 즐겨찾기에 등록해두고 자주 사용하자.

웹사이트의 성능을 테스트하는 데 사용할 수 있는 도구는 여럿 있다. 크롬 개발자 도구의 품질감사 탭에서 사용할 수 있는 라이트하우스로 프로그레시브 웹 앱의 성능·접근성·권장설정 등을 감사할 수 있다(그림 8.3). 이 도구는 명령행 프로그램으로도 제공되기 때문에 웹 개발 빌드 절차에 포함시킬 수도 있다.

웹페이지테스트WebPagetest는 전 세계 어느 곳에서나 어떤 기기로도 실행 성능을 테스트할 수 있는 무료 서비스이다(http://bkaprt.com/pwa/08-02/). 실제로 모바일 기기 또는 가상 기기를 사용해 테스트할 수 있다. 나는 빠른 3G 네트워크 환경의 중간 사양 가상 기기를 최소 테스트 기준으로 삼을 것을 권장한다(그림 8.4). 라이트하우스의 벤치마크에서 사용하는 것과 같은 조건이기 때문에 결과를 비교하기 쉽다.

웹힌트Webhint라는 도구도 있는데, 동작 방식이 라이트하우스나 웹페이지테스트와는 조금 다르다. 웹힌트는 오픈소스 검사 도구로 웹사이트의 성능·접근성·보안·프로그레시브 웹 앱 지원 등을 감사해준다(http://bkaprt.com/pwa/08-03/). 웹힌트는 웹페이지테스트나 라이트하우스와 달리 등급을 매겨주지는 않지만 문제점을 지적하고 그 문제를 설명하는 관련 문서를 알려준다. 이 정보를 활용해 문제를 어떻게 해결할지 또는 해결할 필요가 있는지를 따져볼 수 있다.

성능 측정과 더불어 웹사이트가 다양한 화면 크기와 입력에 잘 반응하는지도 확인해야 한다. 웹사이트가 반응형 디자인이 아니거나 터치 입력에 맞지 않는다면 프로그레시브 웹 앱 도입에 앞서 이 문제를 먼저 해결해야 한다.

클라우드포에서는 고객사의 프로그레시브 웹 앱을 만들기에 앞서 여러 번 그들의 기술 부채Technical Debt를 해결하는 것부터 도와야 했다. 물론 서비스 워커와 매니페스트 파일을 추가해 프로그레시브 웹 앱의 기술적 요건을 갖출 수는 있다. 하지만 웹사이트가 너무 느리고 사용하기 어렵다면 서비스 워커를 추가하는 것만으로는 큰 변화가 없을 것이다.

추구해야 할 것은 프로그레시브 웹 앱을 만드는 그 자체가 아니다. 사용자 경험을 개선하고 사업 목표를 달성하는 것이다.

성능 측정

웹사이트 성능을 평가하는 동안 프로그레시브 웹 앱을 통해 얻은 개선사항을 어떻게 측정하고 유지할 것인지를 생각해보는 것이 좋다. 측정 결과를 잘 기록해둬야 개선사항을 평가하기 좋을 것이다.

스피드커브SpeedCurve, 캘리버Calibre, 아카마이Akamai 같은 성능 감시 도구에 가입해서 성능 테스트 자동화를 고려해보자. 여러분의 회사에서 반드시 개선해야 할 부분과 연관된 핵심 성능 지표를 분석 자료에서 찾아보자. 딱히 생각해둔 핵심 지표가 없다면 최초 입력 지연^{FID}과 반응 시간^{TTI}을 추천한다(http://bkaprt.com/pwa/08-04/). 이 지표들은 웹사이트가 입력에 반응하는 속도가 얼마나 빠른지 알아보기 위한 값이다.

핵심 지표를 정했으면 웹사이트에서 허용할 성능 비용의 한도를 설정하고 이 기준을 잘 지키기 바란다(http://bkaprt.com/pwa/03-22/).

마지막으로 여러분이 작업한 결과를 잘 기록해서 공유하자. 사람들이 배운 것을 공유해야 이 산업이 더 발전할 수 있다(여러분의 성과를 PWAstats.com에 싣고 싶다!).

최소 수준의 프로그레시브 웹 앱 개발하기

웹사이트의 출발점을 잘 다진 뒤에는 최소 수준의 프로그레시브 웹 앱을 만들 차례다. 최소 수준이란 보안 통신을 적용하고, 서비스 워커를 이용해 성능을 높이고, 오프라인 기본 페이지가 존재하는 것을 말한다. 이것이 여러분이 꿈꾸는 전부는 아니겠지만, 여러분의 팀이 프로그레시브 웹 앱을 구성하는 기술을 접하는 좋은 출발점은 될 수 있다.

최소 수준의 프로그레시브 웹 앱은 대부분 최종 사용자에게 불편을 끼치지 않으면서 다른 부서의 지원을 받지 않고도 완성할 수 있다.

매니페스트 파일 만들기

로드맵의 첫 번째 이정표는 웹사이트에 매니페스트 파일을 추가하는 것이 되어야 한다. 매니페스트 파일은 양이 많지 않고 쉽게 만들 수 있다. 이정표로 삼을 정도는 아니라고 볼 수도 있다.

그러나 매니페스트 파일은 주춧돌과 같다. 브라우저는 매니페스트 파일을 이용해 즐겨찾기 아이콘을 설정하고, 웹사이트가 프로그레시브 웹 앱인지 아닌지를 식별한다. 매니페스트 파일이 없는 경우 안드로이드 기기에서 사용자가 여러분의 웹사이트를 즐겨찾기에 등록하면 밋밋한 회색 사각형에 웹사이트 도메인의 첫 글자가 들어간 아이콘을 보게 된다. 브랜드를 선보이는 최선의 방법은 아니다.

이것은 정말 쉬운 작업이다. 짤막한 매니페스트 파일 하나를 만들고 아이콘을 넣으면 끝이다. PWA 빌더를 이용해 매니페스트 파일을 자동으로 생성해도 된다(http://bkaprt.com/pwa/04-09/). 조정하고 싶은 설정값이 있으면 4장을 다시 확인하기 바란다. 여러분의 웹사이트가 프로그레시브 웹 앱이 되기도 전에 즐겨찾기에 등록하는 충성 고객이 있다면 그들에게 보다 나은 브랜드 경험을 제공하자.

HTTPS 켜기

그다음 여정은 웹사이트에 HTTPS를 켜는 것이다. HTTPS를 적용하는 것은 여러분의 웹사이트를 올려둔 인프라 환경에 따라서 간단한 요식행위가 될 수도 있고 본격적인 작업이 될 수도 있다.

클라우드포 웹사이트의 경우에는 HTTPS를 켜는 작업이 호스팅 업체의 관리자 화면에서 스위치를 켜는 것으로 끝났다. 호스팅 업체가 자동으로 렛츠인크립트에서 인증서를 발급받아 설치해줬다.

하지만 모든 웹사이트가 이렇게 쉬운 것은 아니다. 우리 고객사 중에는 사이트 구조가 너무 복잡해서 HTTPS로 이전하는 데 6개월이 소요된 경우도 있다. HTTPS로 옮아갈 때는 웹사이트의 모든 페이지를 HTTPS로 옮겨야 한다. 그렇지 않으면 브라우저가 혼합 콘텐츠 경고를 출력한다. 규모가 큰 웹사이트에서 자원과 외부 라이브러리 코드를 다 추적하려면 시간이 꽤 걸릴 수 있다.

이를 진행하는 동안 HTTP에서 HTTP/2로 이전하는 것이 가능한지도 동시에 살펴보면 좋다. 우리가 이용하는 호스팅 업체는 HTTPS 사이트에 자동으로 HTTP/2를 적용해준다. 우리 고객사 중 한 곳이 아카마이의 CDN을 사용하는데 여기서도 HTTPS를 적용하면 자동으로 HTTP/2로 전환해준다.

HTTP/2는 서버 접속 방식이 다르다. 웹사이트에서 HTTP/1에 맞춰 최적화해야 했던 것들이 HTTP/2에서는 불필요한 경우가 많다. 예를 들어 사진을 여러 하위 도메인(1.example.org, 2.example.org, 3.example.org 등)에서 전달하는 웹사이트가 많다. HTTP/1의 동시 접속 제한을 우회하기 위한 방편이었다. 이 도메인 분할^{domain sharding} 기법은 HTTP/2에서는 불필요하며 오히려 성능을 떨어트릴 수도 있다(http://bkaprt.com/pwa/08-05/).

HTTPS 적용이 가능하다면 당장 실행하자. 로드맵의 다른 기능을 먼저 준비할 필요가 없다. HTTPS는 안전한 접속을 제공함으로써 웹사이트 사용자에게 바로 이익이 된다. 그리고 HTTP/2를 함께 적용할 수 있다면 사용자 접속 속도도 더 빨라질 것이다.

서비스 워커 추가하기

여러분이 목표로 하는 프로그레시브 웹 앱에 페이지 프리캐시, 백그라운드 동기화 등의 고급 기능이 포함되는가? 완전한 오프라인 기능을 만드는 데는 시간이 많이 필요하다. 하지만 일단은 성능과 안정성 향상만을 노리고 서비스 워커를 추가하는 것도 나쁘지 않다.

복잡한 오프라인 웹사이트를 만들어야 하더라도 부분적으로는 이런 기본적인 성능 향상 수준을 구현하는 데에서 시작할 수 있다. 웹사이트의 속도를 높이기 위해 캐시할 수 있는 파일들이 있을 것이다. 또한 오프라인 접속이 필요하지 않지만 성능 향상을 적용할 수 있는 영역이 있을 것이다.

이미 나와 있는 도구들을 활용해 서비스 워커를 개발하는 속도를 높이는 것도 좋다. 워크박스는 구글이 운영하는 오픈소스 라이브러리로 일반적인 캐시 시나리오를 많이 지원한다(http://bkaprt.com/pwa/05-01/). 또한 PWA 빌더를 이용해 기본적인 서비스 워커를 만들 수도 있다. 이런 도구를 이용해 간단한 서비스 워커를 빠르게 출시할 수 있다.

가장 기본적인 서비스 워커만 사용하더라도 사용자는 성능 향상을 체감할 수 있다. 캐시를 적용했을 때 성능이 얼마나 향상되는지 측정하고, 서비스 워커가 설치된 후 페이지를 다시 조회할 때의 속도를 기존 속도와 비교해보기 바란다.

서비스 워커를 설치했다면 오프라인 기본 페이지도 추가할 수 있다. 서비스 워커에 오프라인 기본 페이지를 반드시 넣어야 하는 것은 아니니 배포를 보류할 필요는 없다. 로드맵의 목표는 가능한 한 모든 단계에서 가치를 전달하는 것이다.

설치 안내 준비

간단히 경고하겠다. 프로그레시브 웹 앱의 최소 버전을 배포하다보면 브라우저에 따라서 사용자에게 배지나 대화창이 표시될 수 있다. 파이어폭스는 앱이 HTTPS로 접속되고 매니페스트 파일이 있다면 즉시 배지를 표시할 것이다. 다른 브라우저는 서비스 워커가 설치될 때까지 기다린다. 브라우저별 기준은 4장에서 자세히 설명했지만 이 기준이 계속 바뀌고 있으니 주의하기 바란다.

사용자에게 앱 설치를 안내하는 배지나 대화창이 출력되어도 상관없다면 당장 신경 쓸 일은 없다. 하지만 사용자가 프로그레시브 웹 앱을 설치하도록 유도할 준비가 아직 안 되었거나 프로젝트를 좀더 조용히 진행하고 싶다면 브라우저의 설치 알림을 방지해야 한다.

가장 쉬운 방법은 매니페스트 파일에서 화면 모드를 browser로 설정하는 것이다. 화면 모드가 browser로 설정되어 있으면 파이어폭스에서만 '홈 화면에 추가' 배지가 표시되며, 설치 대화창이 뜨는 것을 대부분 방지할 수 있다.

플립카트가 적용한 방법으로 '홈 화면에 추가' 대화창이 뜨는 것을 방지할 수도 있다. BeforeInstallPrompt 이벤트를 가로채 여러분이 준비가 될 때까지 설치 안내를 미루는 것이다. 이 이벤트를 분석 도구에 기록해 사용자 참여율이 언제 어디서 임계점을 넘는지 파악할 수 있다. 추후에 설치 안내를 언제 어디서 띄우는 것이 좋을지 결정하는 데도 도움이 될 것이다.

프로그레시브 웹 앱이 다 완성되지 않았더라도 앱을 설치할 수 있게 하는 데 해가 될 것은 거의 없다. 반대로 조금이라도 득이 될 가능성이 높다. 이 또한 프로그레시브 웹 앱을 점진적으로 만들 때의 장점 중 하나이다.

프론트엔드 기능 추가하기

기본적인 기능을 완성한 뒤 이어서 구현할 기능을 고르는 것이 어려울 수 있다. 푸시 알림이나 결제 요청 API 같은 기능은 회사에 큰 이익을 가져올 수 있지만 여러 부서의 참여가 필요한 일이기도 할 것이다.

기능 개발에 관련된 팀이 많아질수록 개발 시간도 늘어난다. 그런 기능보다는 프로그레시브 웹 앱의 최소 버전을 구현한 작은 팀이 구현할 수 있는 다른 기능에 먼저 초점을 맞추라고 권하고 싶다. 여기에서 소개하는 프론트엔드 기능들을 쌓아 올리다보면 앞으로 나아갈 추진력을 얻을 수 있을 것이다.

서비스 워커 개선하기

먼저 살펴볼 것은 서비스 워커에 오프라인 기능을 조금씩 더 추가하는 것이다. 대부분의 개선사항은 회사의 다른 부서나 인프라 구조에 영향을 끼치지 않고 작업할 수 있다.

이때 가장 따기 쉬운 열매는 최근 방문 페이지를 캐시하는 것이다. 사용자 인터페이스나 백엔드에 전혀 손대지 않고도 이를 적용할 수 있다. 다만 사용자가 오프라인에서 페이지를 보는 경우에 안내를 표시하는 것은 고려해야 할 필요가 있다.

그 외에 페이지 프리캐시나 오프라인 상호작용 같은 기능도 대부분 프론트엔드에서 처리될 수 있다. 이들 또한 다음 이정표가 되기에 알맞다.

푸시 알림 추가하기

간단한 푸시 알림을 추가하는 것도 프론트엔드 팀이 빠르게 해낼 수 있는 작업이다. 푸시 알림 서비스 중에는 콘텐츠 관리 시스템에 연동이 가능한 것이 있다. 예를 들어 워드프레스에서 새 글을 공개할 때 알림을 발송하는 플러그인을 제공하는 서비스가 여러 개 있다.

이처럼 푸시 알림을 간단하게 사용하더라도 문제가 되지는 않는다. 사용자에게 푸시 알림을 등록해 달라고 마구잡이로 요청하지만 않으면 말이다. 6장에서 알아본 것처럼 사용자들을 존중하고 그들이 수락할 만한 때에 푸시 알림 권한 요청을 하는 것이 중요하다. 사용자의 사생활을 방해하거나 믿음을 깨트리지 말자.

기초적인 수준의 푸시 알림은 여러분의 웹사이트 내부 시스템에 연동해둔 다른 메시지 기능과 비교했을 때 특별히 더 나을 것이 없다. 개인화된 메시지를 발송할 수 있다면 훨씬 효과적일 것이지만 이를 위해서는 방대한 연동 작업이 요구된다.

여러분의 장기 로드맵에 푸시 알림이 포함되어 있다면, 초기에는 이용할 수 있는 푸시 알림 업체들을 조사해보도록 하자. 적합한 업체가 있다면 그 업체의 서비스를 활용해 사용자에게 약간의 가치를 제공할 수 있을 것이다. 그리고 추후에 푸시 알림 체계를 직접 구축하면 된다. 웹사이트에 간단한 수준의 푸시 알림을 붙여보면 더 큰 규모의 푸시 알림 통합 시스템에 무엇이 필요할지 이해하는 데 도움이 될 것이다.

이 점은 분명히 하자. 단지 푸시 알림을 보내기 위한 목적으로 푸시 알림을 도입하는 것은 금물이다. 이로 인한 피해는 고객의 신경을 자극하는 것에 그치지 않고 여러분이 속한 조직에서 여러분에 대한 신뢰마저 깨트릴 위험이 있다. 자그마한 이익을 위해 푸시 알림을 서둘러 쏘아보낼 것인가, 아니면 웹사이트 전반의 고객 경험을 증진하기 위해 심사숙고해서 푸시 알림을 배치할 것인가. 이런 선택에서는 언제나 후자를 택해야 한다.

장래 계획하기

로드맵을 작성하다보면 시간이 많이 필요한 기능, 불확실성이 큰 기능, 여러 부서가 협동해야 하는 기능 등을 발견하게 될 것이다. 이런 기능들은 로드맵에서 뒤쪽에 배치할 필요가 있다. 하지만 그렇다고 프로젝트 초기 단계에 이들을 완전히 무시해도 된다는 뜻은 아니다.

프로그레시브 웹 앱 개발 초기부터 이런 기능을 조사하기 위한 시간을 따로 확보하자. 앞으로 협조를 구해야 하는 부서와 회의를 하고, 기능을 구현하는 데 필요한 조건과 숨어 있는 난제가 무엇인지도 찾아보자.

네이티브 앱을 운영 중이라면 네이티브 앱의 어떤 기능에 사용자들이 몰리는지도 살펴보자. 이런 기능은 잠재적인 가치가 더 클 수 있다. 또한 웹을 통해 더 많은 고객에게 노출시켰을 때 큰 이익을 끌어낼 가능성이 있다.

회사에서 여러분의 작업에 도움이 될 수 있는 무언가가 있는지도 알아보자. 예를 들어 전통적인 웹사이트 구조에서 앱 셀 모델로 변경하는 것은 상당히 큰 작업이다. 이것을 프로그레시브 웹 앱 팀이 혼자 떠맡는 것은 적절하지 않을 것이다. 그런데 프로그레시브 웹 앱과 관련없는 이유로 API 기반 구조와 자바스크립트 서버 방식을 도입하는 회사가 많다. 관련 부서가 이미 그런 구조로 옮아갈 계획을 세우고 있을지도 모른다. 그렇다면 프로그레시브 웹 앱을 구현하는 데 큰 도움이 될 것이다.

가장 까다로운 문제가 기술 외 영역에서 나올 수 있으니 주의하자. 예를 들어 결제 요청 API를 적용하려면 회사의 결제 방식이 변경되어야 하는데 어떤 결제 수단을 허용할 것인가는 기술보다 사업적인 영역에서 결정될 가능성이 크다.

여러분의 계획을 더 넓은 계획에 통합하다보면 일정 관리를 원하는 대로 하기가 어려울 수 있다. 어떤 기능을 구현하는 데 필요한 설비 변경 작업에 몇 달이 걸린다면 여러분이 할 수 있는 일은 별로 없다.

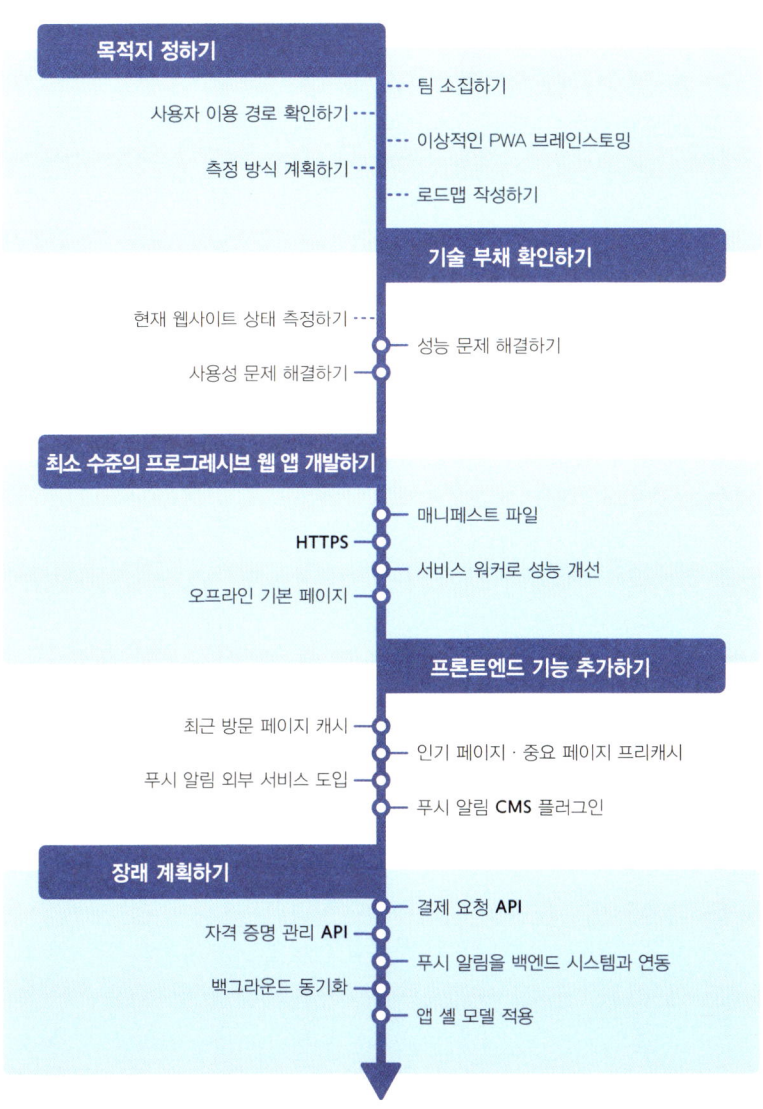

그림 8.5 앱 셸, 결제 요청 API, 자격 증명 관리, 세련된 푸시 알림 등을 포함한 프로그레시브 웹 앱을 만들려는 가상의 쇼핑몰 회사를 위한 고차원 로드맵이다. 시간선 위의 각 점은 최종 사용자에게 개선점을 전달할 수 있는 배포 지점을 나타낸다.

하지만 부분적이나마 일정 또는 우선순위에서 여러분이 제어할 수 있는 영역이 있다면 회사의 필수 지표에 가장 큰 영향을 끼칠 것이라고 생각하는 요소에 집중하자. 그렇게 함으로써 추진력을 유지할 수 있다.

점진적 향상 제공하기

우리 팀은 위의 과정들을 거쳐서 모든 이해관계자와 모든 부서의 검토를 받으며 여러 크고 작은 계획과 프로그레시브 웹 앱의 우선순위를 다루는 총체적인 시간표를 만들 수 있었다(그림 8.5). 비록 그 긴 여정의 시작은 최종 목적지를 정하는 것이었지만, 우리는 목적지에 이르는 과정에서 여러 차례에 걸쳐 사용자와 회사에 가치를 제공했다.

가치를 점진적으로 제공하고 각 과정의 개선사항을 측정해(하고 있겠죠?) 기록하면 회사에서 신뢰를 쌓을 수 있다. 여러분의 작업 덕분에 사용자 경험이 어떻게 좋아졌으며, 회사의 실적이 어떻게 나아졌는지를 보여주는 것만큼 장애 요소를 제거하는 데 좋은 방법은 없다.

로드맵에 남아 있는 기능을 완성하려면 다른 부서의 도움이 필요할 것이다. 작은 단위의 작업을 이뤄내는 과정에서 여러분의 작업이 다른 팀에도 꼭 필요하다는 사실을 납득시킬 수 있도록 신뢰를 쌓아두었다면, 나중에 보다 큰 단위의 작업을 시작할 때 중요한 자산이 될 것이다.

프로그레시브 웹 앱의 훌륭한 점이 바로 이것이다. 네이티브 앱과는 달리 개선사항을 꾸준히 배포할 수 있다. 전체 코드를 포장해서 바이너리 파일을 만들고 앱 스토어에 제출해 심사를 받을 필요가 없다. 원하는 만큼 얼마든지 여러 번 그리고 자주 수정할 수 있다.

이런 유연성을 이용해 개선사항을 점진적으로 꾸준히 추가하자. 작게 시작했더라도 점차 꿈의 프로그레시브 웹 앱을 만들어가는 데는 아무런 문제가 없는 전략이다. 이상적인 프로그레시브 웹 앱을 향해 작은 승리를 확실히 다져나가는 것이 여러분의 회사와 고객에게 오히려 최고의 가치를 보장하는 현명한 방법이다.

9 모두를 위한 웹

나는 앞에서 프로그레시브 웹 앱이 네이티브 앱과 경쟁 관계라는 주장은 틀렸다고 일축한 바 있다. 확신하지만 대부분의 회사는 프로그레시브 웹 앱 개발을 고려할 때 이미 네이티브 앱을 보유하고 있는지 따질 필요가 거의 없다.

프로그레시브 웹 앱과 네이티브 앱 사이에 직접적인 갈등이 없다 하더라도 프로그레시브 웹 앱이 만들어진 배경을 살펴보면, 그 한편에는 모바일 앱 스토어와 그 관문, 모바일 웹에 주어진 더 적은 관심(예산 같은), 비대하고 접근성 떨어지는 웹사이트 등 웹이 직면한 위협들이 있었다. 웹 개발자들이 이 문제를 빠르게 해결하지 못하는 동안 네이티브 앱이 자리를 빼앗아갔다.

초창기부터 사람들은 웹이 위험에 빠졌다거나 심지어 죽었다고 선언했다(http://bkaprt.com/pwa/09-01/)(그림 9.1). 2016년에 앨릭스 러

그림 9.1 2010년에 《와이어드Wired》는 웹이 죽었다고 선언했다(왼쪽). 2016년에는 《와이어드》가 프로그레시브 웹 앱 덕분에 웹이 살아났다고 했다(오른쪽). 진실은 이 사이 어딘가에 있다.

셀은 트위터에 "현실은 웹이 위기에 빠졌다는 것이다. 실제로, 정말로, 심각한 위기에"라는 글을 남겼다(http://bkaprt.com/pwa/09-02/). 당시 오페라를 만들고 있던 브루스 로손Bruce Lawson은 러셀의 말에 동의하며 "기우가 아니다. 정말 그렇다"라고 말했다(http://bkaprt.com/pwa/09-03/).

나 또한 이런 위협을 우려하지만 그럼에도 불구하고 모바일 웹은 두 배 빠르게 성장하고 있으며, 사용자 규모가 네이티브 앱의 세 배라는 사실도 인지하고 있다(http://bkaprt.com/pwa/09-04/). 앨릭스가 웹을 구하자며 나팔을 분 이후, 리코드Recode는 "앱 붐은 끝났다"라는 헤드라인을 크게 실었다(http://bkaprt.com/pwa/09-05/). 개발자 스콧 젤Scott Jehl이 이런 혼란을 잘 정리했다(http://bkaprt.com/pwa/09-06/).

왼쪽을 보면 "웹은 죽었다".
오른쪽을 보면 "앱은 죽었다".
······
위를 보면 기상 예보

웹을 네이티브 앱과 동일한 출발선에 세우기 위한 목적으로 프로그레시브 웹 앱이 등장한 것은 부정할 수 없다. 웹의 미래를 생각한다면 프로그레시브 웹 앱을 만드는 것을 마땅한 지상과제로 받아들여야 할지도 모른다.

파스칼의 내기

나는 대체로 웹의 미래를 낙관적으로 본다. 지금까지 이 책에서 이야기한 모든 것이 그러한 이유이다. 그런데 가끔씩 불길한 소식이 들려온다. 어디서든 접근할 수 있는 웹의 특징을 재현하겠다고 하는 안드로이드 인스턴트 앱의 발표가 그런 것이다(http://bkaprt.com/pwa/09-07/). 그러면 다시 웹의 미래가 불안하게 느껴진다.

하지만 웹이 위기에 직면한 것인지 아니면 나아갈 길을 잠시 잃은 것인지 판가름해야 할 필요는 없다. 웹이 위기에 빠졌고 프로그레시브 웹 앱이 웹을 구할 수 있다는 가설을 파스칼의 내기(프랑스 철학자 블레즈 파스칼이 만든 의사결정 행렬)에 적용해보면 나올 수 있는 결론은 다음 네 가지이다.

- 웹이 위기에 빠지지 않았고 우리가 프로그레시브 웹 앱을 만들지 않는다면, 바뀔 것은 없다.
- 웹이 위기에 빠지지 않았고 우리가 프로그레시브 웹 앱을 만

든다면, 사용자는 더 빠르고 개선된 웹 경험을 누릴 것이다.
- 웹이 위기에 빠졌고 우리가 프로그레시브 웹 앱을 만든다면, 사용자는 더 빠르고 개선된 웹 경험을 누릴 것이며, 우리는 웹을 구할 것이다.
- 웹이 위기에 빠졌고 우리가 프로그레시브 웹 앱을 만들지 않는다면, 웹은 네이티브 앱에 질 것이다.

웹이 위기에 빠졌건 아니건 최선의 행동은 프로그레시브 웹 앱을 만드는 것이다. 프로그레시브 웹 앱을 만들었을 때 나올 최악의 상황은 사용자가 더 나은 웹 경험을 누리는 것이다. 그렇게 하지 않았을 때 나올 최악의 상황은… 흠… 최악의 상황이다.

프로그레시브 웹 앱을 만들어야 하는 이유에 관해서는 2장에서 설명했다. 이타적인 동기에서 프로그레시브 웹 앱 개발에 투자하는 회사는 거의 없다. 기업은 프로그레시브 웹 앱이 전환율, 사용자 참여율, 수익률을 높일 수 있기 때문에 만드는 것이다.

그 과정에서 오픈 웹을 구할 수 있다면 이보다 좋을 수는 없는 일이다.

또 다른 수십억 명의 사용자

인도에는 13억 명이 살고 있는데 인터넷에 접속하는 인구는 27%밖에 안 된다. 아시아와 아프리카에는 인터넷 접속률이 이렇게 낮은 국가가 많다. 그래서 이쪽 신흥시장에서 또 다른 수십억 명의 인터넷 사용자가 등장하리라는 것이 일반적인 관측이다.

이 신흥시장에서 인터넷에 접속하는 사람들에게는 어느 정도 비슷한 특징이 있다. 모바일에서만 인터넷을 사용할 가능성이 높다.

그리고 속도가 느리고(2G 또는 3G) 불안정한 네트워크 환경을 이용하는 경우가 많다. 네트워크를 이용할 때는 요금을 종량제로 지불한다. 데이터 전송 비용을 메가바이트마다 내야 하는 것이다. 단말기에 저장공간이 부족하고 앱을 몇 개밖에 설치하지 못한다.

이런 점들을 고려하면 프로그레시브 웹 앱을 가장 먼저 채용했고 가장 앞서 혁신하고 있는 곳이 케냐, 나이지리아, 인도네시아, 인도 같은 나라라는 것은 놀라운 일이 아니다. 그곳의 회사들 입장에서는 빠르고 가벼운 웹을 만든다는 것이 곧 새로운 고객에게 다가가고 놓친 고객을 다시 불러 모으는 일이다. 인도에 거점을 둔 소매업체 플립카트의 부사장 아마르 나가람Amar Nagaram 은 "모바일 웹 방문자의 60%는 과거에 (네이티브) 앱을 삭제했던 사람들인데, 단말기의 용량 부족이 주원인"이라고 말했다(http://bkaprt.com/pwa/09-08/). 그리고 인도의 택시 비교업체 올라Ola는 프로그레시브 웹 앱에서 택시를 예약한 사람의 20%가 이전에 네이티브 앱을 삭제했던 사람들이라는 사실을 발견했다(http://bkaprt.com/pwa/09-09/).

저장공간의 제약 때문에 앱을 기피하는 현상은 신흥시장에만 국한된 것이 아니다. 우리 고객사 중에는 미국에 거점을 둔 대형 소매업체가 있는데, 최근 이 회사가 고객들에게 네이티브 앱 설치를 권유하는 데 어려움을 겪고 있다는 이야기를 들었다. 이 문제를 자세히 살펴보니 고객들은 앱이 차지하는 용량이 커서 꺼려진다고 답변했다. 고객들의 걱정도 일리가 있었다. 네이티브 앱의 용량이 거의 100MB에 달했으니까.

프로그레시브 웹 앱은 단지 웹을 구할 방법일 뿐 아니라, 새로운 수십억 명의 인터넷 사용자를 위한 최선의 방안이기도 하다.

영혼을 잃지 않고 탭에서 빠져나오기

아이폰 앱 스토어가 출범한 2008년 이래 웹 개발사와 브라우저 제조사는 네이티브 앱을 무모하게 쫓아왔다. 집단적 열등의식에 맞서 싸우기 위한 이런 시도는 선의로 포장된 잘못된 해결책을 내놓았다. '네이티브 감성'을 얻기 위해 어디에서든 접속할 수 있고, 무엇이든 연결할 수 있는 웹의 본질적 특징을 내다버리는 식이었다.

프로그레시브 웹 앱이라는 용어를 만들어낸 프랜시스 베리먼과 앨릭스 러셀의 글에는 "영혼을 잃지 않고 탭에서 빠져나오기"라는 부제가 붙어 있었다. 프로그레시브 웹 앱과 그 이전 것들의 핵심적인 차이는 프로그레시브 웹 앱은 네이티브 앱을 복제하려 하지 않았으며, 웹이 위대함을 버리지 않고 끌어안았다는 점이다.

프로그레시브 웹 앱은 어디에서든 실행할 수 있다. 웹 브라우저에서, 모바일 홈 화면에서, 푸시 알림을 눌렀을 때도 모두 실행 가능하다. 인터넷이 느리거나 오프라인일 때조차도 실행된다. 브라우저가 설치된 기기라면 무엇이든 프로그레시브 웹 앱을 사용할 수 있다.

무엇보다 프로그레시브 웹 앱은 웹에서 할 수 있는 일을 다시 상상해보라고 우리에게 손짓한다. 네이티브 앱만큼이나 풍부하고, 빠르고, 강력한 사용자 경험을 구현할 수 있다. 그리고 네이티브 앱보다 훨씬 많은 사용자에게 다가갈 수 있다. 또한 프로그레시브 웹 앱은 웹 기술을 이용한 것이기 때문에 운영체제, 기기, 지역에 관계없이 사용할 수 있다. 프로그레시브 웹 앱과 함께 웹은 이제 진정 모두의 웹이 되었다.

감사의 글

이 책을 만드는 데 너무나 크게 공헌하신 리사 마리아 마틴에게는 아무리 감사를 표해도 부족할 것이다. 리사 마리아의 손길을 거친 모든 것이 새롭게 태어났다. 복잡한 생각은 논리적인 주장으로 다듬어졌고, 잠꼬대 같은 말은 지성 있는 문장으로 고쳐졌다. 그녀의 교정안을 처음 받아본 뒤 나는 책이 너무나 훌륭하게 바뀌었으며 손댈 곳이 하나도 없다고 며칠 동안이나 입에 침이 마르도록 칭찬하고 다녔다. 리사 마리아는 하늘이 내린 선물이다.

케이틀 르두는 집필 시작부터 최종 출판 단계까지 나를 이끌어주었다. 그녀가 어 북 어파트의 CEO이자 유명 팟캐스터이면서도 이 책의 교열까지 담당했다는 사실을 알고 실로 탄복했다. 여러 방면에 두루 재주를 가진 지휘자이다.

나를 믿어주고 멋있는 책을 만들어준 제프리 젤드먼과 제이슨 산타 마리아를 비롯한 어 북 어파트 직원들께 특별히 감사를 표한다. 실력 있는 분들이 책의 디자인을 맡아주어서 정말 안심이 되었다.

기술 관련 내용을 꼼꼼하게 검토해준 앨릭스 러셀과 에런 구스타프슨에게 감사한다. 감당하기 어려울 만큼 친절한 추천사를 써준 프랜시스 베리먼과 앨릭스 러셀에게 거듭 감사한다. 초고를 검토하고 상냥한 조언을 해준 제레미 키스, 세라 드래스너, 카롤린 하트에게도 감사한다.

프로그레시브 웹 앱의 UX에 관한 글을 쓰고 발언해온 오언 캠벨 무어에게 고마움을 전한다. 내가 이 분야를 연구할 때 많은 영향을 주었다. 웹에서 애니메이션을 사용하는 모범 사례를 알려준 레이철 네이버스, 밸 헤드, 세라 드래스너에게도 감사한다. 그리고 가족 같은 언 이벤트 어파트 An Event Apart의 직원들, 특히 독자들과 대면해 의견을 나눠볼 수 있는 자리를 마련해준 제프리 젤드먼, 에릭 마이어, 토비 멀라이나, 마시 에버솔에게도 고마움을 전한다.

웹을 발전시키기 위해 웹 브라우저 개발에 매일 헌신하는 비범한 사람들 – 디온 얼미어, 레이철 앤드루, 제이크 아치볼드, 레이 뱅고, 안드레아스 보벤스, 피터 비버루, 제프 버토프트, 크리스 코이어, 에이더 로즈 캐넌, 벤 갤브레이스, 매트 곤트, 제니 고브, 딘 앨런 홈, 폴 킨런, 에이지 기타무라, 무스타파 쿠툴두, 크리스 러브, 피트 러페이지, 패트릭 미넌, 피터 오쇼너시, 애디 오스마니, 제프 파스닉, 브라이언 리거, 스테퍼니 리거, 제니퍼 로빈스, 젠 시몬스, 스티브 사우더스, 에스텔 웨이 그리고 이름을 다 싣지 못할 만큼 너무나 많은 이들에게 감사의 말을 전한다. 여러분이 배운 것을 공유해준 덕분에 나도 많은 영감을 얻었다.

플립카트, 위고, 트리바고를 포함해 아프리카, 인도 등 웹이 불안정한 지역에서 프로그레시브 웹 앱을 초기부터 개발해온 개발자들에게 특별히 감사를 표하고 싶다. 여러분이 우리와 같은 사람들을 이끌어주었다. 어디에서나 그리고 누구나 웹에 접근할 수 있어야 한다는 사실을 일깨워준 브루스 로슨, 탤 오펜하이머, 팀 카들렉 등 많은 이들에게도 감사를 표한다.

이 책의 집필에 영감이 된 프로젝트를 제공해준 클라우드포의 동료들과 고객들에게 고맙다고 말하고 싶다. 제라르도 로드리게스, 라이자 가드너, 에릭 정은 내가 서비스 워커를 살펴보고 무엇을 할 수 있는지 이해하는 데 결정적인 도움을 주었다. 이 책의 삽화를 그려준 타일러 스티카 덕분에 어려운 개념을 간단하게 설명할 수 있었다. 나의 작업과 삶이 힘들어졌을 때 메건 나타르트가 격려하고 지원해준 덕분에 계속 나아갈 수 있었다. 그리고 클라우드포의 공동창업자이자 18년째 동업자인 에일린 제프리스가 없었다면 이 모든 것은 불가능했을 것이다. 고맙다.

마지막으로 지난해 내가 이 책을 쓰느라 많은 행사에 참여할 수 없었음에도 나를 이해해주고 지지해준 가족과 친구들에게 입은 크나큰 은혜에 감사한다. 심지어 오리건 선리브로 휴가를 온 지금도 난 이 글을 쓰고 있다. 아내 데이나는 내가 이 책의 마지막 문단을 쓸 수 있도록 우리 아이들 케이티와 대니를 수영장으로 데려갔다. 데이나와 가족의 도움이 없었다면 이 책은 나올 수 없었다. 사랑한다. 앞으로 우리가 보낼 몇 달의 행복한 시간이 기다려진다.

옮긴이의 글

알고 지내는 분들로부터 프로그레시브 웹 앱을 도입하기 위해 리서치 중이라는 이야기를 여러 번 들은 적이 있다. 새롭고 돋보이는 웹사이트로 사업을 키우려는 회사가 적지 않은 듯하다. 웹사이트와 앱을 따로 만드는 비용을 줄이려는 시도일 수도 있겠다.

프로그레시브 웹 앱을 간단히 설명하면, 휴대전화 및 데스크톱 컴퓨터에서 앱처럼 실행시킬 수 있는 웹사이트다. 일반 웹사이트보다 사용자 경험과 성능이 좋으며, 네이티브 앱보다 접근성이 높고 배포에 유리하다. 만일 여러분의 웹사이트가 기술 부문의 약점으로 인해 전환율이 떨어진 상태라면 프로그레시브 웹 앱을 적절히 도입함으로써 전환율을 크게 향상시킬 가능성이 있다. 이 책의 본문에서 프로그레시브 웹 앱의 정의와 설명을 더 자세히 확인할 수 있으며, 여러분의 웹사이트에서 개선할 점도 알아볼 수 있을 것이다.

나를 포함한 프로그래머들 중에는 새로 유행하는 기술을 일찍부터 적용해보고 싶어 하는 사람들이 많은 편이다. 하지만 신기술을 무턱대고 도입하기보다는 그 기술을 충분히 이해하고 뒤따를 영향을 따져봐야 한다. 그리고 그것은 프로그래머만의 몫이 아니다. 사업과 제품 개발에 참여하는 관계자 모두가 이 기술을 어느 정도는 이해해야 한다. 프로그레시브 웹 앱을 어떻게 적용하는가에 따라 사용자 경험과 비즈니스에 큰 영향을 미칠 수 있기 때문이다. 신기술을 다룬 책은 흔히 프로그래머를 타깃 독자로 설정한다. 하지만 이 책은 사업 담당자, 기획자, 디자이너, 프로그래머 모두가 함께 읽고 눈높이를 맞출 수 있게 해주는 보기 드문 책이다. 어려운 기술 용어나 프로그램 코드가 별로 없어 누구나 쉽고 즐겁게 읽을 수 있을 것이다.

  신기술을 도입하기 위해 반드시 웹사이트 코드를 다 갈아엎을 필요는 없다. 기존 웹사이트에 프로그레시브 웹 앱에서 꼭 필요한 최소한의 기능만 붙여서 가볍게 시작할 수 있다. 또 최대한의 기능을 활용하기 위해 신중한 로드맵을 설계하는 것도 가능하다. 이 책에서는 프로그레시브 웹 앱을 부분적으로 적용하는 방법을 알 수 있다. 각 기능을 적용했을 때의 가능성과 위험 요소도 꼼꼼이 살펴볼 수 있다.

  프로그레시브 웹 앱을 사용자 경험, 비즈니스, 마케팅, 프로그래밍, 디자인 등 여러 관점에서 두루 소개하는 이 책은 프로그레시브 웹 앱을 새로 도입하려는 팀을 위한 최고의 책이 아닐까 생각한다. 나 역시 모두가 술술 읽고 쉽게 이해할 수 있게 번역하려고 노력했다. 독자 여러분도 나처럼 이 책에서 많은 것을 얻을 수 있기를 바란다.

2020년 늦은 여름 박연오

참고 자료

이삼십 년 전 즈음이었으면 이 페이지는 책을 무너지지 않을 만큼 가까스로 한아름 쌓아 들고 와서는 여러분이 앉은 책상 위에 쾅 하고 올려놓으며 "다음엔 이것들을 읽으시오" 하고 말할 그런 페이지다. 다행히도 우리에게는 하이퍼링크가 있으니 여기에서 공유하는 자료에 허리가 부러질 일은 없겠다.

코드

이 책에는 일부러 코드를 많이 넣지 않았다. 하지만 여러분은 서비스 워커를 포함한 프로그레시브 웹 앱 관련 기능 작성법을 배워야 할 것이다.

- 제레미 키스의 《서비스 워커로 만드는 오프라인 웹사이트 Going Offline》는 서비스 워커와 프로그레시브 웹 앱에 대한 환상적인 입문서다. 개발자가 아닌 사람이라도 따라 배울 수 있도록 썼다(http://bkaprt.com/pwa/10-01/).
- 딘 흄의 《Progressive Web Apps》 또한 좋은 입문서로, 개발자를 위해 쓴 책이다(http://bkaprt.com/pwa/10-02/).
- 클라우드포의 공동창업자인 라이자 가드너가 자신의 웹사이트에 서비스 워커를 적용한 사례를 〈서비스 워커 만들기 Making a Service Worker〉라는 글로 공유했다(http://bkaprt.com/pwa/10-03/).
- 매트 곤트의 〈웹 푸시 알림 Web Push Book〉은 푸시 알림에 관해 코드와 사용자 경험의 관점에서 알아야 할 모든 것을 다루었다(https://www.gauntface.com/).
- 마이크로소프트 엣지 개발팀이 만든 별자리 테마 웹사이트.

날짜별로 천문 토막 지식을 발송하는 코드 등 알림을 보내는 방법을 살펴볼 수 있다(http://bkaprt.com/pwa/10-05/).

사용자 경험

- 무스타파 쿠툴두의 〈오프라인 사용자 경험 고려하기Offline UX Considerations〉. 참고가 되는 지침과 예제를 제공한다(http://bkaprt.com/pwa/05-03/).
- 오언 캠벨 무어의 〈빼어난 프로그레시브 웹 앱 디자인Designing Great Progressive Web Apps〉. 네이티브 앱의 훌륭한 UX 기능들을 도입하는 방법을 제안한다(http://bkaprt.com/pwa/03-02/).
- 오언 캠벨 무어의 〈푸시 알림 허가 UX 사례집Best Practices for Push Notifications Permissions UX〉. 클라우드포 웹사이트에 푸시 알림을 도입할 때 지침이 되었다(http://bkaprt.com/pwa/10-06/).
- 세라 드래스너의 〈네이티브 느낌의 웹 페이지 전환 애니메이션Native-Like Animations for Page Transitions on the Web〉. 내가 만든 프로그레시브 웹 앱들을 새로 디자인하고 싶게 만드는 글이다(http://bkaprt.com/pwa/03-19/).

사례 연구

- 구글 개발자 사이트의 정기 연재(http://bkaprt.com/pwa/10-07/).
- 애디 오스마니의 미디엄 페이지. 핀터레스트, 틴더, 트리보, 리액트 등의 실적을 자세히 분석했다(http://bkaprt.com/pwa/10-08/).
- 클라우드포의 PWA 통계. 프로그레시브 웹 앱 사례들을 추적하고 있다. 우리가 놓친 것이 있다면 제보 바란다(http://bkaprt.com/pwa/02-05/).

PWA 이상의 기능

- 루아단 오도너휴의 〈amp-install-serviceworker로 프로그레시브 웹 앱 부팅하기〉Bootstrapping Progressive Web Apps with amp-install-serviceworker〉. AMP를 사용하는 경우 이를 이용해 PWA를 더 빠르게 만드는 방법을 소개한다(http://bkaprt.com/pwa/10-09/).
- 에이지 기타무라와 메긴 커니의 자격 증명 관리 API 튜토리얼 (http://bkaprt.com/pwa/10-10/).
- 피터 오쇼너시가 《스매싱 매거진Smashing Magazine》에 기고한 결제 요청 API에 관한 훌륭한 튜토리얼(http://bkaprt.com/pwa/10-11/).
- 폴 킨런의 〈웹 공유 API 소개Introducing the Web Share API〉. 웹 공유 API를 사용하는 데 필요한 모든 것을 얻을 수 있다(http://bkaprt.com/pwa/03-14/)

도구

- 피터 비버루의 알림 생성기. 다양한 푸시 알림을 테스트할 수 있는 유용하고 재미있는 도구(http://bkaprt.com/pwa/06-05/).
- 워크박스. 서비스 워커를 쉽게 개발할 수 있도록 도와주는 구글의 자바스크립트 라이브러리 모음(http://bkaprt.com/pwa/05-01/).
- 웹페이지테스트. 페이지 성능을 측정할 때 꼭 사용하는 도구 (http://bkaprt.com/pwa/08-02/).
- 라이트하우스. 프로그레시브 웹 앱 테스트 도구로 크롬 개발자 도구에서 사용할 수 있으며, 노드 모듈로 설치해 명령행에서 실행할 수도 있다(http://bkaprt.com/pwa/10-12/).
- 마이크로소프트의 PWA 빌더. 아이콘, 매니페스트 파일, 서비스 워커를 생성할 수 있으며, 앱을 마이크로소프트 스토어에

등록하는 것도 도와준다(http://bkaprt.com/pwa/04-09/).
- 팀 카들렉의 〈내 사이트 접속 비용은?〉What Does My Site Cost?〉. 다양한 국적의 사용자가 여러분의 웹사이트를 이용할 때 지불해야 하는 비용이 얼마인지 알아볼 수 있다. 웹을 대하는 새로운 관점을 얻을 수 있다(http://bkaprt.com/pwa/10-13/).

효과

마지막으로 내 시야를 넓혀주고 프로그레시브 웹 앱의 중요성을 일깨워준 몇몇 글을 공유한다.

- 앨릭스 러셀의 〈왜 앱 설치 배너가 지금도 중요한가?〉Why Are App Install Banners Still A Thing?〉. 기존 네이티브 앱이 사업에 끼치는 영향에 대해 의문을 제기하는 글(http://bkaprt.com/pwa/02-09/).
- 브루스 윌슨의 〈서방세계의 웹이 아닌 전 세계의 웹〉World Wide Web, Not Wealthy Western Web〉. 이 두 편짜리 글은 웹의 방향에 대한 국제적 전망과 프로그레시브 웹 앱이 미래에 맡아야 할 역할을 다룬다(http://bkaprt.com/pwa/10-14/).
- 탤 오펜하이머가 발표한 〈전 세계를 위한 웹〉The Web for the Entire World〉 또한 맥을 같이한다. 다른 대륙에 사는 사람들이 체험하는 웹이 어떠한지 그리고 모두가 누릴 수 있는 웹을 어떻게 만들 것인지 일깨워준다(http://bkaprt.com/pwa/10-15/)

참고 URL

이 책에서 사용한 단축 URL은 등장 순서에 따라 부여되었다. 각 URL에 연결된 실제 URL을 아래에 표기한다.

서문

00-01   https://developers.google.com/web/showcase/2016/housing

00-02   https://www.youtube.com/watch?v=_pmjBZi5zY0

1장 프로그레시브 웹 앱의 정의

01-01   https://infrequently.org/2015/06/progressive-apps-escaping-tabs-without-losing-our-soul/

01-02   https://developers.google.com/web/progressive-web-apps/

01-03   https://www.youtube.com/watch?v=PsgW-0M67TQ&t=340

01-04   https://fberriman.com/2017/06/26/naming-progressive-web-apps/

01-05   https://adactio.com/journal/13098

01-06   https://infrequently.org/2015/06/progressive-apps-escaping-tabs-without-losing-our-soul/

2장 프로그레시브 웹 앱의 사례

02-01   https://magento.com/news-room/press-releases/magento-reimagine-mobile-commerce-progressive-web-app

02-02   https://www.youtube.com/watch?v=Di7RvMlk9io

02-03   https://medium.com/dev-channel/a-pinterest-progressive-web-app-performance-case-study-3bd6ed2e6154

02-04   https://youtu.be/PsgW-0M67TQ?t=34m4s

02-05　https://www.pwastats.com

02-06　https://www.comscore.com/Insights/Presentations-and-Whitepapers/2016/The-2016-US-Mobile-App-Report

02-07　https://www.comscore.com/Insights/Presentations-and-Whitepapers/2017/The-2017-US-Mobile-App-Report

02-08　https://www.emarketer.com/Article/Cost-of-Acquiring-Mobile-App-User/1016688

02-09　http://andrewchen.co/new-data-shows-why-losing-80-of-your-mobile-users-is-normal-and-that-the-best-apps-do-much-better/

02-10　https://medium.com/dev-channel/why-are-app-install-banners-still-athing-18f3952d349a

02-11　https://letsencrypt.org

02-12　https://istlsfastyet.com/

02-13　https://blog.chromium.org/2017/04/next-steps-toward-more-connection.html

02-14　https://www.chromium.org/Home/chromium-security/marking-http-as-non-secure

02-17　https://www.slideshare.net/devonauerswald/walmart-pagespeedslide

02-18　https://medium.com/@addyosmani/a-tinder-progressive-web-app-performance-case-study-78919d98ece0

02-19　https://tech.treebo.com/we-didnt-see-a-speed-limit-so-we-made-it-fastertreebo-and-pwas-the-journey-so-far-f7378410abc7

02-20　https://developers.google.com/web/showcase/2016/extra

02-21　https://developers.google.com/web/showcase/2017/lancome

02-22　https://developers.google.com/web/showcase/2017/olx

02-23　https://developers.google.com/web/showcase/2016/carnival

02-24　https://www.mobilemarketer.com/news/can-progressive-web-apps-solve-the-app-vs-browser-dilemma/510344/

02-25	http://www.mapscripting.com/how-to-use-geolocation-in-mobile-safari.html
02-26	https://paperplanes.world/
02-27	https://developers.google.com/web/showcase/2016/aliexpress
02-28	https://twitter.com/josephjames/status/779068864231505921

3장 앱의 느낌 살리기

03-01	https://adactio.com/journal/6246/
03-02	https://medium.com/@owencm/designing-great-uis-for-progressive-webapps-dd38c1d20f7
03-03	https://css-tricks.com/snippets/css/system-font-stack/
03-04	https://drafts.csswg.org/css-fonts-4/#system-ui-def
03-05	https://caniuse.com/#search=system-ui
03-06	https://infinnie.github.io/blog/2017/systemui.html
03-07	https://superdevresources.com/material-design-web-ui-frameworks/
03-08	https://www.quora.com/Why-is-Google-Chrome-browser-named-as-Chrome/answer/Glen-Murphy
03-09	https://www.w3.org/TR/appmanifest/#display-modes
03-10	https://www.moovweb.com/anyone-use-social-sharing-buttons-mobile/
03-11	https://blog.easy-designs.net/archives/dont-sell-out-your-users
03-12	https://www.w3.org/TR/clipboard-apis/
03-13	https://wicg.github.io/web-share/
03-14	https://developers.google.com/web/updates/2016/09/navigator-share
03-15	https://hightide.earth
03-16	https://medium.com/@addyosmani/progressive-web-apps-with-react-jspart-2-page-load-performance-33b932d97cf2
03-17	https://cloudfour.com/thinks/why-does-the-washington-posts-progressive-web-app-increase-engagement-on-ios/

03-18 https://page-transitions.com/

03-19 https://css-tricks.com/native-like-animations-for-page-transitions-on-the-web/

03-20 https://developers.google.com/web/fundamentals/performance/rendering/stick-to-compositor-only-properties-and-manage-layer-count

03-21 http://barbajs.org

03-22 https://infrequently.org/2017/10/can-you-afford-it-real-world-web-performance-budgets/

03-23 https://developers.google.com/web/fundamentals/performance/prpl-pattern/

03-24 https://github.com/turbolinks/turbolinks

03-25 https://paul.kinlan.me/progressive-progressive-web-apps/

03-26 https://developer.apple.com/ios/human-interface-guidelines/overview/themes/

03-27 https://material-components-web.appspot.com/button.html

03-28 https://codepen.io/dsenneff/full/2c3e5bc86b372d5424b00edaf4990173/

03-29 https://csstriggers.com/

03-30 https://developers.google.com/web/fundamentals/performance/rendering/stick-to-compositor-only-properties-and-manage-layer-count

4장 앱 설치와 앱 스토어 검색

04-01 https://thishereweb.com/understanding-the-manifest-for-web-app-3f6cd2b853d6

04-02 https://cloudfour.com/manifest.json

04-03 https://www.w3.org/TR/appmanifest/

04-04 https://manifest-validator.appspot.com/

04-05 https://developers.google.com/web/ilt/pwa/lab-auditing-with-lighthouse

04-06 https://infrequently.org/2016/09/what-exactly-makes-something-a-progressive-web-app/

04-07 https://www.youtube.com/watch?time_continue=831&v=m-sCdS0sQO8

04-08 https://developers.google.com/web/updates/2018/06/a2hs-updates

04-09 https://www.pwabuilder.com/

04-10 https://phonegap.com/

04-11 https://developers.google.com/web/updates/2017/10/using-twa

04-12 https://twitter.com/_developit/status/922512745378979840

5장 오프라인

05-01 https://developers.google.com/web/tools/workbox/

05-02 https://material.money/

05-03 https://developers.google.com/web/fundamentals/instant-and-offline/offline-ux

05-04 https://www.thinkwithgoogle.com/intl/en-gb/consumer-insights/trivago-embrace-progressive-web-apps-as-the-future-of-mobile/

05-05 https://www.webcomponents.org/element/polymerelements/app-storage

05-06 https://wiki-offline.jakearchibald.com/

05-07 https://wicg.github.io/BackgroundSync/spec/

05-08 https://jakearchibald.github.io/isserviceworkerready/

6장 푸시 알림

06-01 http://info.localytics.com/blog/the-inside-view-how-consumers-really-feel-about-push-notifications

06-02 http://info.localytics.com/blog/2015-the-year-that-push-notifications-grew-up

06-03　https://twitter.com/codevisuals/status/838881724016787457
06-04　https://youtu.be/PsgW-0M67TQ?t=22m50s
06-05　https://tests.peter.sh/notification-generator/
06-06　https://www.gauntface.com/

7장 프로그레시브 웹 앱 너머의 기능

07-01　https://www.ampproject.org/
07-02　http://www.thesempost.com/google-search-amp-clicks-non-news-sites/
07-03　https://www.theverge.com/2016/12/6/13850230/fake-news-sites-googlesearch-facebook-instant-articles
07-04　http://ampletter.org/
07-05　http://blog.chartbeat.com/2018/02/15/google-is-up-what-to-do-about-it
07-06　https://cloudfour.com/thinks/autofill-what-web-devs-should-know-but-dont/
07-08　https://developers.google.com/web/showcase/2016/ali-express-smart-lock
07-09　https://developers.google.com/web/showcase/2016/guardian-smart-lock
07-10　https://developer.mozilla.org/en-US/docs/Web/API/Web_Authentication_API
07-11　https://www.wired.com/story/webauthn-in-browsers/
07-12　http://www.adweek.com/digital/survey-56-of-u-s-consumers-have-abandoned-a-mobile-transaction/
07-13　https://baymard.com/lists/cart-abandonment-rate
07-14　https://developer.apple.com/documentation/applepayjs
07-15　https://lists.w3.org/Archives/Public/public-payments-wg/2016Jun/0013.html
07-16　https://github.com/GoogleChromeLabs/appr-wrapper

07-17	https://www.mobify.com/customers/pureformulas/
07-18	https://www.wompmobile.com/payment-request-api-case-study
07-19	https://www.youtube.com/watch?v=1-g1rvkORQ8&feature=youtu.be&t=6m21s

8장 점진적 로드맵

08-01	https://articles.uie.com/kj_technique/
08-02	http://www.webpagetest.org/
08-03	https://webhint.io/
08-04	https://developers.google.com/web/updates/2018/05/first-input-delay
08-05	https://www.youtube.com/watch?v=yURLTwZ3ehk

9장 모두를 위한 웹

09-01	https://www.wired.com/2010/08/ff-webrip/
09-02	https://twitter.com/slightlylate/status/740228002311639040
09-03	https://twitter.com/brucel/status/740252470354542592
09-04	http://www.comscore.com/Insights/Presentations-and-Whitepapers/2016/The-2016-US-Mobile-App-Report
09-05	https://www.vox.com/2016/6/8/11883518/app-boom-over-snapchat-uber
09-06	https://twitter.com/scottjehl/status/740904147524947968
09-07	https://android-developers.googleblog.com/2016/05/android-instant-apps-evolving-apps.html
09-08	https://tech.economictimes.indiatimes.com/news/internet/for-flipkartthis-app-makes-rural-connect/59676200
09-09	https://developers.google.com/web/showcase/2017/ola

참고 자료

10-01 https://abookapart.com/products/going-offline

10-02 https://www.manning.com/books/progressive-web-apps

10-03 https://www.smashingmagazine.com/2016/02/making-a-service-worker/

10-04 https://www.gauntface.com/

10-05 https://webpushdemo.azurewebsites.net/

10-06 https://docs.google.com/document/d/1WNPIS_2F0eyDm5SS2E6LZ_75tk6XtBSnR1xNjWJ_DPE/edit#heading=h.v5v9jr5n9i1w

10-07 https://developers.google.com/web/showcase/

10-08 https://medium.com/@addyosmani

10-09 https://mobiforge.com/design-development/bootstrapping-progressive-web-apps-with-amp-install-serviceworker

10-10 https://developers.google.com/web/fundamentals/security/credential-management/

10-11 https://www.smashingmagazine.com/2018/01/online-purchase-payment-request-api/

10-12 https://developers.google.com/web/tools/lighthouse/

10-13 https://whatdoesmysitecost.com

10-14 https://www.smashingmagazine.com/2017/03/world-wide-web-not-wealthy-western-web-part-1/

10-15 https://youtu.be/eGoILA2k5qo

찾아보기

A

Akamai **166**
Accelerated Mobile Pages: AMP **146**
AJAX **113**
AliExpress **42**
AMP **145**, **146**
API **70**
app shell architecture **62**
AppX **102**
Audits **93**

B

background_color **88**, **90**, **91**
backgroundSync API **111**
badge **95**
banner **95**
Barba.js **67**
BeforeInstallPrompt **100**
Bing **102**
Bitly **58**
body **47**, **140**
browser **52**, **171**

C

Calibre **166**
Carnival Cruise Line **38**
carousel **79**
Clipboard API **58**

D

Content Delivery Networks: CDNs **32**
Cordova **8**
Comscore **29**
Credential Management API **145**
Chrome Platform Status **117**
CSS Working Group **47**

D

Daily Active Users: DAU **31**
display mode **52**
domain sharding **169**
DoubleClick **34**

E

Engaging **17**

F

Fast **17**
FID **167**
F.I.R.E. **18**, **21**
firefox **95**
Flipboard **21**
Fluent Design **48**
fullscreen **52**

G

Geolocation API **39**
Graphical Processor Unit: GPU **78**

H

History API **53**
housing.com **13**
HTML **68**
HTML5 **18**
HTTP/2 **32**, **34**
HTTPS **21**, **23**
Human Interface Guideline **76**

I

IndexedDB **119**
isomorphic JavaScript **72**

J

JSON **70**, **87**, **93**

K

KJ-method **163**

L

Lancôme **13**
Lazy-load **73**
Let's Encrypt **32**
Liftoff **31**
Lighthouse **93**

M

Magento **26**
manifest **20**, **22**, **88**
Material Design **47**
Medium **31**
minimal-ui **51**

Mobile Marketer **39**

N

name **87**, **88**, **96**
Native Wrapper **103**
navigator.onLine **111**
Node.js **72**
Notification Gener—ator **141**

P

Paper Planes **40**
Payment Request API **40**, **156**
PhoneGap **8**
Pinterest **27**
Polymer **53**, **70**
Preact **70**
pre-cache **73**
progressive enhancement **20**
PRPL **73**, **74**
Progressive Web Apps: PWA **8**
Push **73**

R

Reliable **17**
Render **73**

S

Santa Tracker **59**
service worker **22**, **160**
shell **36**
short_name **87**, **88**, **96**
Single-Page Application: SPA **68**
Slack **121**

찾아보기 **203**

skeleton **67**
SpeedCurve **166**
standalone **51**, **57**
start_url **88**, **91**
Streams API **75**
Stripe **78**
Svelte **70**
SVG **77**

T

tearaway apps **125**
Technical Debt **166**
the uncanny valley **48**
Time To Interactive: TTI **35**
Tinder **35**
title **140**
Treebo **35**
Trusted Web Activity **104**
Turbolinks **75**

U

United eXtra Electronics **38**
URL **22**, **52**, **57**
UX **58**

V

Vue.js **70**

W

Web APP Manifest **22**, **88**
Web App Manifest Validator **93**
Web Authentication API: WebAuthn **154**
Web Background Synchronization **120**

WebPagetest **165**
Web Push Book **142**
Webhint **166**
Web Share API **60**
Web Storage **119**
Wego **13**
West Elm **27**
Workbox **109**

ㄱ

가속 모바일 페이지(AMP) **146**
검색엔진 **20**, **93**
검증된 웹 활동 **104**
결제 요청 API **40**
골격 화면 **66**
그래픽 처리장치 **78**
기술 부채 **161**, **166**
깔대기 모델 **106**

ㄴ

네이티브 앱 **8**, **28**
네이티브 래퍼 **103**
네트워크 **20**, **22**, **34**
네트워크 안정성 **35**
노출 빈도 **31**

ㄷ

단일 페이지 앱 **53**, **68**
대화창 **135**
더린 세네프(Senneff, Darin) **81**
데스크톱 **123**
도메인 분할 **169**
동형 자바스크립트 **72**

뜯어가는 앱 **125**

ㄹ

라우팅 **70**
라이트하우스 **93**
레이철 네이버스(Nabors, Rachel) **83**
렌더링 **84**
로그인 **125**, **150**
로드맵 **159**

ㅁ

매니페스트 **87**, **96**, **99**
매니페스트 파일 **167**
머티리얼 디자인 **47**
메타 태그 **87**
명세 **88**, **91**
모바일 **122**, **123**
미디어 쿼리 **56**

ㅂ

반응성 **17**, **73**
반응 시간(TTI) **35**, **167**
반응형 디자인 **8**, **48**
방문 이력 API **53**
배너 **95**
배지 **95**
배포 **104**, **108**
백그라운드 동기화 **120**
백엔드 **130**
부드러운 스크롤 **66**
불쾌한 골짜기 **48**
브라우저 지원 **41**
브루스 로슨(Lawson, Bruce) **180**

비틀리 **58**

ㅅ

사용자 경험 **58**
사용자 참여 **63**
사용자 인터페이스(UI) **91**
사용자 인터페이스 권장사항 **76**
사파리 **42**
상호작용 반응 **76**
세라 드래스너(Drasner, Sarah) **64**
서비스 워커 **67**
설치 **85**
성능 **108**
셸 **36**
소셜미디어 **58**
스콧 젤(Jehl, Scott) **180**
스크롤 **50**
스타벅스 **127**
스트림 API **75**
스피드커브 **166**
시각적 반응 **77**

ㅇ

아마르 나가람(Nagaram, Amar) **183**
아카마이 **166**
아코디언 **79**
아이콘 **85**
안정성 **17**
알림 **20**
알림 생성기 **141**
애니메이션 **63**
애디 오스마니(Osmani, Addy) **63**
앨릭스 러셀(Russell, Alex) **73**

앱X **102**
앱 셸 **36**
앱 셸 모델 **63**
앱 스토어 **85**
엣지 **96**
오언 캠벨 무어(Campbell-Moore, Owen) **46**
오페라 **60**
오프라인 대응 페이지 **117**
오프라인 상호작용 **117**
오프라인 우선주의 **126**
오프라인 캐시 **62**
요소 **64**
워싱턴포스트 **42**
워크박스 **109**
웹 공유 API **59**
웹 앱 **60**
웹 앱 매니페스트 **88**
웹 앱 매니페스트 검사기 **93**
웹 인증 API **154**
웹사이트 **154**
웹 스토리지 **119**
웹페이지테스트 **165**
웹힌트 **166**
위치 API **39**
인덱스드DB **119**
인스타그램 **39**
인증 **104**
일일 활성 사용자(DAU) **31**

ㅈ

자격 증명 관리 API **145**
자바스크립트 **174**

저장공간 **16**
전환 애니메이션 **63**
점진적 향상 **20**
점진적 로드맵 **159**
제레미 키스(Keith, Jeremy) **21**
제이크 아치볼드(Archibald, Jake) **120**
제이슨 밀러(Miller, Jason) **104**
제프 그레이엄(Graham, Geoff) **47**

ㅊ

체감성 **17**
최근 방문 페이지 **109**
최초 입력 지연 **167**

ㅋ

캐러셀 **79**
캐시 **104**
캐시 전략 **108**
캘리버 **166**
컴스코어 **29**
콘텐츠 관리 시스템 **172**
크롬 **17**
클라우드포 **28**
클립보드 API **58**

ㅌ

통합 로그인 **150**
트위터 **180**

ㅍ

파스칼 **181**
파이어폭스 **94**
페이스북 **122**

페이지 전환 **63**
폴 킨런(Kinlan, Paul) **76**
푸시 API **141**
푸시 알림 **141**
품질감사 **164**
프론트엔드 **161**
프랜시스 베리먼(Berriman, Frances) **184**
프로그레시브 웹 앱 **106**
프로그레시브 웹 앱 빌더 **102**
프리캐시 **169**
플랫폼 **116**
플레이 스토어 **103**
플레이스홀더 **66**
피터 비버루(Beverloo, Peter) **141**
핀터레스트 **27**

ㅎ

화면 모드 **51**
홈 화면 **85**

어 북 어파트 소개

웹디자인은 다방면의 폭넓은 지식과 고도의 집중력이 필요한 작업이다. '어 북 어파트 A Book Apart' 시리즈는 웹사이트 제작자를 위한 것으로, 웹디자인과 관련된 최신 이슈와 필수적인 주제를 멋스럽고 명료하게, 무엇보다 간결하게 다루고 있다. 디자이너와 개발자는 낭비할 시간이 없기 때문이다.

또한 웹사이트 제작의 까다로운 문제를 좀더 쉽게 이해할 수 있도록 실마리를 제공해 궁금증을 해결해주고 실제 작업에 활용할 수 있도록 최선을 다하고 있다. 웹 전문가에게 필요한 도구를 제공하고자 하는 우리의 의지를 성원해주시는 데 감사의 말을 전한다.